天润世纪 主编

AI职业图鉴

未来你可以做什么

中国农业出版社
北 京

图书在版编目（CIP）数据

AI职业图鉴 ：未来你可以做什么 / 天润世纪主编．北京 ：中国农业出版社，2025．8．-- ISBN 978-7-109-33392-5

Ⅰ．C913.2-39

中国国家版本馆CIP数据核字第2025XA9300号

AI职业图鉴：未来你可以做什么
AI ZHIYE TUJIAN: WEILAI NI KEYI ZUOSHENME

中国农业出版社出版
地址：北京市朝阳区麦子店街18号楼
邮编：100125
责任编辑：靳文玲
责任校对：吴丽婷
印刷：三河市祥达印刷包装有限公司
版次：2025年8月第1版
印次：2025年8月河北第1次印刷
发行：新华书店北京发行所
开本：710mm × 1000mm　1/16
印张：8
字数：152千字
定价：48.00元

目录

第一章

AI革命：重新定义未来职场

第二章

技术基石：AI核心职业

第三章

落地应用：AI改造百业

第四章

人文思考：AI与社会的碰撞

第五章

AI+创新：赋能关键领域

第一章
AI革命：重新定义未来职场

同学们，你们有没有想过，未来的职场会变成什么样？是像科幻电影里那样，满是会飞的汽车和能与人对话的机器人？还是人们坐在家里，就能轻松操控各种神奇的机器工作？其实，这一切都和AI紧密相连！在这一章，我们将走进AI的奇妙世界，看看它是如何改变职业的，还能一起设计“AI校园职业”。准备好，开启这场探索AI革命、重新定义未来职场的精彩之旅吧！

1.1 什么是人工智能?

1.1.1揭秘AI“大脑”：它到底是如何“思考”的?

一、神经元：AI“大脑”的神奇小积木

同学们，你们知道吗？AI虽然没有像我们一样真正的大脑，但它有一个超厉害的“思考中心”，而这个“思考中心”的秘密就藏在像小积木一样的东西里，那就是神经元！

想象一下，我们的大脑是一个超级大城堡，里面住着众多小居民，这些小居民就是神经元。AI的神经元和我们大脑里的神经元有点像哦！它们可不是普通的小积木，每个神经元都能接收大量信息，就像小朋友们接收来自四面八方的礼物一样。当一个神经元收到信息后，它会根据这些信息来决定要不要“告诉”其他神经元。

打个比方，假如AI正在学习识别小狗的图片，那些图片里小狗的颜色、形状、大小等信息就会像小纸条一样被传递给神经元。有的神经元专门负责“看”小狗的耳朵，有的负责“看”小狗的尾巴。如果一只小狗的耳朵是尖尖的，负责“看”耳朵的神经元就会说：“嘿，我收到尖尖耳朵的信息啦！”然后把这个信息传递给其他神经元。就这样，一个个神经元不断传递和处理信息，AI就能慢慢知道这是不是一只小狗。

二、神经网络：神经元的超级“协作联盟”

一个个神经元是不是很厉害呀？但更厉害的是，它们会组成一个超级“协作联盟”，这就是神经网络！

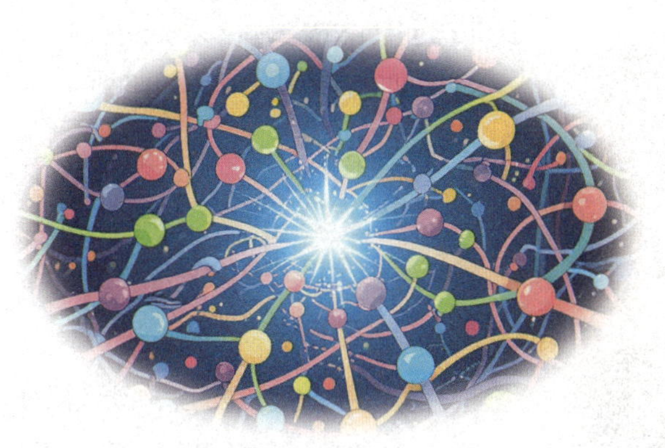

神经网络就像是一个巨大的城市交通网，每个神经元都是这个交通网上的一个路口。信息就像一辆辆小汽车，在这个交通网上跑来跑去。不同的是，这些“小汽车”会根据路口的“指示”，也就是神经元的处理规则，决定要开往哪个方向。

AI在学习的时候，这个神经网络会变得越来越聪明。比如说AI学习画画，最开始它可能画得歪歪扭扭，像小孩画的一样。但是随着它不断接收大量的画作信息，神经元们就开始忙碌起来。负责线条的神经元会说：“哎呀，画直线的时候要这样处理信息。”负责颜色的神经元也会说：“这个颜色搭配好像很不错，记住啦！”慢慢地，神经元们通过不断协作，AI画出来的画就越来越好看，越来越像那么回事儿。

而且，神经网络还有一个神奇的地方，它可以自己调整“交通规则”。当AI发现自己画的画不太对的时候，它就会“告诉”神经元们：“这次的处理好像不太对，我们下次换个方式吧。”于是，神经元们就会调整自己接收和传递信息的方式，让AI变得更聪明。

1.1.2 生活处处有AI：这些“隐藏助手”超厉害！

一、家里的AI“小伙伴”：贴心的智能生活管家

同学们，你们有没有发现，家里悄悄来了一些AI“小伙伴”，它们正把我们的生活变得越来越有趣！不信？那就跟我一起瞧瞧吧！

早上起床，阳光还没完全照进房间，智能音箱就开始工作啦！它就像一个贴心的小闹钟，用温柔的声音叫你起床：“小主人，快起床啦，美好的一天开始咯！”你要是迷迷糊糊地说一句“我想听音乐”，它马上就能播放出你喜欢的歌曲，让你瞬间清醒，活力满满地迎接新的一天。

走进厨房，智能冰箱就像一个细心的管家。它不仅能记住冰箱里的食材，还会根据库存给你推荐菜谱呢！要是发现牛奶快过期了，它会及时提醒你：“小主人，牛奶快过期啦，记得喝掉哦！”有了它，再也不用担心食材被遗忘在角落里，最后只能无奈扔掉。智能烤箱也超厉害，你只要告诉它想烤什么，它就能自动设置好温度和时间，不一会，香喷喷的美食就出炉了，是不是超级方便？

智能家居还能守护我们的家。智能门锁就像忠诚的卫士，只有识别出你的指纹或者输入密码正确，才会“开门放行”。智能摄像头时刻“盯”着家里，要是有陌生人闯入，它会马上给你发消息。就算你出门在外，也能通过手机看到家里的情况，心里别提多踏实了！

二、出行路上的AI“小助手”：让出行又快又有趣

出行的时候，AI也在默默帮助我们，让每一次出行都变得更加轻松愉快。不信？那我们一起去看看吧！

打开手机里的导航软件，它就像一个专属的“出行小秘书”。它不仅能规划出最快的路线，还能实时告诉你路上堵不堵。要是遇到堵车，它会马上帮你重新规划一条畅通的路。有一次，我着急去参加朋友的生日聚会，导航软件发现原本的路线堵车了，就立刻给我推荐了一条小路，让我顺利按时到达，没有错过聚会，是不是超厉害？

打车的时候，AI同样发挥着大作用。打车软件能根据你的位置和周围车辆的情况，快速帮你匹配到最近的车。而且，它还能预测司机到达的时间，让你不用在路边傻傻等很久。有些打车软件还能根据你的出行习惯，给你推荐更合适的车型，比如你要是带着很多行李，它就会推荐空间大的车。

现在，智能汽车也越来越常见。有些汽车能自己“看”路，通过摄像头和传感器，它能识别前面的车辆、行人和障碍物。要是距离前面的车太近了，它会自动减速。还有的汽车能自动驾驶，你只要设定好目的地，它就能自动驾驶至目的地。虽然目前还不能完全取代人类驾驶，但这已经让开车变得更轻松、更安全了。

1.2 AI如何改变职业?

1.2.1 AI来袭!职业世界大变身

一、那些被AI“改变命运”的旧职业

同学们，你们知道吗？AI就像一个神奇的魔法师，轻轻一挥魔法棒，职业世界就发生了超级大变化！有些旧职业，在AI的影响下，慢慢改变了模样，甚至有些都“消失”了。

以前，电话客服可忙啦！每天要接大量电话，回答各种各样的问题。不管是白天还是晚上，只要电话铃声一响，客服叔叔阿姨就得赶紧接听。他们常常口干舌燥，嗓子都哑了，还得耐心地和顾客沟通。但现在，AI来帮忙啦！智能客服机器人出现了，它可以同时和多个用户聊天，回答各种常见问题。不管你什么时候问，它都能快速回答，而且永远不会累。慢慢地，一些简单的电话客服工作就被智能客服机器人取代了。

还有工厂里的一些工人，他们每天都要重复做同样的工作，比如给产品贴标签、检查产品有没有瑕疵。这些工作既枯燥又辛苦，还很容易出错。现在，AI控制的机器手臂可厉害啦！它们又快又准，能不知疲倦地工作。一个机器手臂就能完成许多工人的工作量，所以一些从事简单重复劳动的工人岗位也变少了。这是不是很神奇？但别担心，这也带来了新的机会呢！

二、AI创造的超酷新职业

虽然有些旧职业发生了变化，但AI也像一个超级发明家，创造出了许多新职业！

比如AI训练师，这可是个超有趣的工作！AI训练师就像是AI的“老师”，要教AI学习各种知识和技能。他们会给AI看很多很多图片、文字和视频，让AI学会识别不同的东西。比如说，教AI认识各种动物，AI训练师就要给它看大量动物的图片，告诉它这是猫，那是狗。AI训练师还得陪着AI做各种“练习”，让AI变得越来越聪明。要是AI回答错了问题，训练师还要想办法纠正它，是不是很有挑战性？

还有数据标注员，他们的工作也很重要！数据标注员就像是给数据“做记号”的人。AI要学习，就需要大量的数据，但是这些数据一开始是没有标签的，很难理解。数据标注员就要把这些数据分类整理，给这些数据贴上标签。比如，在一堆图片里，把所有的汽车图片挑出来，标上“汽车”；把所有的人物图片挑出来，标上“人物”。这样，AI就能更容易地学习这些数据。这些新职业不仅有趣，还很有意义！

1.2.2 探秘未来职业：AI打造的技能金字塔

一、底层基石：数字化与技术素养

同学们，在AI飞速发展的未来，职业世界就像一座奇妙的金字塔，而我们想要在这座金字塔上站稳脚跟，得先从底层的基石开始搭建，这基石就是数字化与技术素养！

想象一下，未来的世界里，几乎所有的工作都离不开电脑和各种智能设备。就像我们现在用手机玩游戏、查资料一样，未来的工作中，这些设备就是我们的“魔法工具”。所以，学会熟练使用它们就变得超级重要！比如，我们要会操作各种办公软件，像用Word写一篇精彩的文章，用Excel制作漂亮的数据表格。这些技能就像是我们的“魔法棒”，能帮助我们高效地完成工作任务。

而且，了解一些基础的技术知识也必不可少。就拿智能家居来说，你得知道怎么连接设备，怎么设置它们的功能。要是设备出了小问题，你还能自己动手解决，是不是超厉害？这就好比给你一把万能钥匙，能打开各种智能设备的“小秘密”。如果我们没有这些数字化与技术素养，在未来的职场上可能就会像迷失在森林里的小鹿，找不到方向！

二、中层支柱与顶层尖塔：创造力和复杂问题解决能力

爬上未来职业技能金字塔的底层基石后，我们还得继续往上攀登，中层支柱和顶层尖塔就是创造力和复杂问题解决能力，这可是让我们闪闪发光的“秘密武器”！

先来说说创造力。在未来，AI能做很多重复性的工作，但它可没有像我们人类一样丰富的想象力和创造力。比如，设计一个主题公园，AI可以提供一些基本的设计思路和数据，但要让公园充满奇幻的故事、独特的景观，就得靠我们的创造力了！我们可以想象出会飞的城堡、能和游客互动的魔法森林，把这些奇思妙想变成现实，让游客们沉浸在梦幻的世界里。

再看看复杂问题解决能力。随着科技发展，新问题也会不断出现。就像当AI和各种智能设备大规模使用时，可能会出现数据安全问题。这时候，就需要有人能分析问题，找到解决办法。这可不是一件容易的事，需要我们运用各种知识和经验，像超级侦探一样，抽丝剥茧，找到问题的关键所在，然后想出巧妙的解决方案。只有具备了这些能力，我们才能站在职业技能金字塔的顶端，成为未来职场的“超级英雄”！

职业探索站——互动：设计“AI校园职业”

在人工智能飞速发展的今天，校园也迎来了全新的变革机遇。想象一下，如果校园里有各种AI助力的特殊职业，将会给我们的学习和生活带来哪些惊喜呢？现在，就请同学们化身创意大师，设计属于自己的“AI校园职业”吧！

一、设计指南

明确校园需求：仔细回忆一下，在校园生活中，你遇到过哪些麻烦事？是上下课人多拥挤、找不到空教室，还是学习上遇到难题却没有得到及时的帮助？这些问题就是你设计AI校园职业的出发点。

赋予AI能力：针对找到的问题，思考AI可以施展哪些神奇本领来解决它。比如，是像拥有“透视眼”一样快速找到空教室，还是像超级学霸一样为你辅导功课？

规划工作职责：确定了AI的能力后，再想想这个“AI校园职业者”具体要做些什么。它可能需要在特定的时间、地点，为同学们提供特定的服务。

罗列技能要求：要让AI顺利完成这些工作，它需要具备哪些厉害的技能呢？比如编程知识、图像识别能力，以及数据分析的本领。

二、创意示例

（一）AI智能课间引导员

校园难题：每到课间休息，教学楼的走廊和楼梯就挤满了人，大家着急去下一个教室或者去操场活动，很容易发生碰撞，存在安全隐患。

AI超能力：这个AI可以实时监测校园各个区域的人流量，就像拥有了“校园热力图”。通过分析数据，它能快速规划出从教室到其他地点的最佳路线，并且通过语音和屏幕指示牌，引导同学们有序通行。

工作日常：在课间休息时，AI智能课间引导员会在教学楼的各个关键位置“站岗”，比如楼梯口、走廊交汇处。它会用亲切的声音提醒同学们：“请前往操场的同学，从这边楼梯下楼，然后走东边的走廊，那边人比较少哦！”同时，在教室的电子屏幕上，也会显示出最佳路线图。

必备技能：它需要掌握数据分析技能，处理大量的人流数据；还得懂图像识别技术，这样才能识别出同学们的位置和行动方向；当然，语音交互和通信技术也不能少，方便与同学们交流和传递信息。

（二）AI学习小助手

校园难题：同学们在学习过程中，经常会遇到各种各样的难题，有时候老师不在身边，又找不到合适的人请教，问题就只能搁置。

AI超能力：AI学习小助手就像一个知识宝库，它存储了各个学科的海量知识。无论是数学的难题、语文的阅读理解，还是英语的语法问题，它都能快速给出详细的解答和学习建议。而且，它还能根据每个同学的学习情况，制定个性化的学习计划。

工作日常：同学们可以在课间或者自习的时候，通过手机APP或者教室里的学习终端向AI学习小助手提问。它会用简洁易懂的语言讲解知识点，还会提供一些相关的练习题帮助巩固。比如，当你问一道数学函数题时，它不仅会给出解题步骤，还会说："这道题考查了函数的性质，你可以再做几道类似的题目加深理解，我给你推荐这几道……"

必备技能：强大的知识储备和自然语言处理能力是关键，这样才能理解同学们的问题并给出准确的回答；数据挖掘和分析技能也很重要，通过分析同学们的学习数据，为大家制订学习计划；另外，还需要具备一定的教学方法知识，让讲解更符合学习规律。

三、开启你的创意之旅

现在，发挥你的想象力，把你心中最酷的AI校园职业设计出来吧！可以参考下面的表格，把你的创意写下来。如果能在旁边配上简单的涂鸦，展示这个职业的工作场景，那就更棒啦！

设计项目	内容
AI校园职业名称	
校园问题	
AI功能	
职业职责	
技能要求	
工作场景涂鸦（简单绘制）	

第二章
技术基石：AI核心职业

你知道AI是怎么学会画画、下棋甚至写作业的吗？这一章就像打开AI世界的“技术黑匣子”，带大家认识四位关键角色——算法工程师像给AI编写“超级食谱”的大厨，数据科学家是破解数据密码的侦探，机器学习研究员像教AI学本领的教练，系统架构师则是搭建AI智慧大厦的设计师。通过修复古画、预测天气等精彩案例，你会了解这些技术大神们如何用代码和数据赋予AI神奇能力。最后还有挑战任务：设计防沉迷游戏AI，快来用你的创意让AI更懂人类吧！

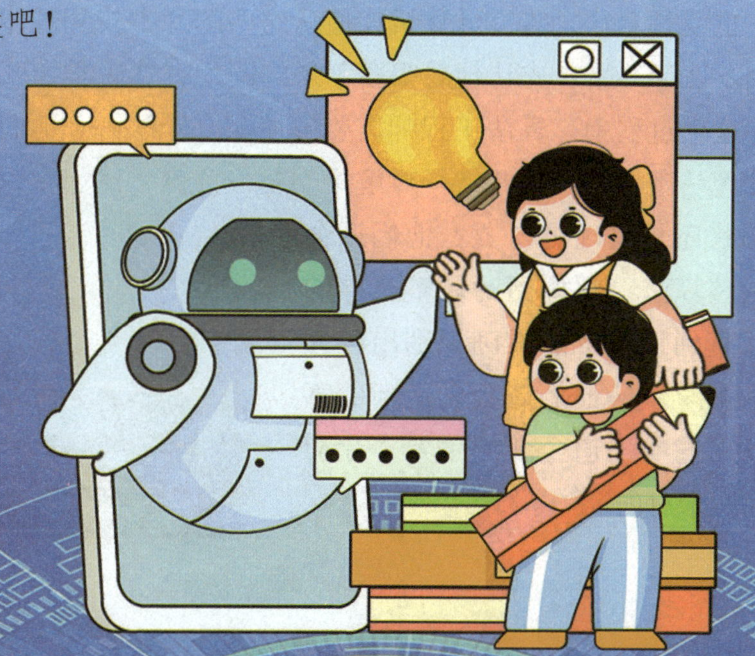

2.1 算法工程师

职业介绍

一、AI魔法背后的“代码巫师”：算法工程师

你知道吗？当你刷短视频时，手机总能精准推荐你喜欢的内容；当你和智能音箱对话时，它能听懂你的每一句话。这些神奇的AI体验背后，都藏着一群神秘的“代码巫师”——算法工程师。他们就像AI世界的主厨，用数据做食材，用算法做食谱，烹饪出各种让机器变聪明的“智慧大餐”。

算法工程师的工作就像在建造一座看不见的桥梁。他们首先要理解人们的需求，比如让机器人学会识别垃圾。然后，他们会收集大量垃圾图片作为“学习资料”，这些图片就像一本超级厚的教科书。接下来，他们要设计一种特殊的“学习方法”，也就是算法，告诉计算机如何从这些图片中找到规律。这个过程就像教小朋友认识苹果：先让他看很多苹果的图片，然后学会区分苹果和橙子。

在这个过程中，算法工程师需要像侦探一样敏锐。他们要仔细观察数据中的蛛丝马迹，找出哪些特征对解决问题最关键。比如在识别垃圾时，是颜色、形状还是纹理更重要？他们还会不断调整算法，就像厨师调整菜谱的调料，直到计算机能准确识别出各种垃圾。有时候，他们还会创造新的算法，就像发明一道全新的菜肴，让AI拥有前所未有的能力。

二、和AI斗智斗勇的日常：算法工程师的奇妙冒险

你以为算法工程师每天只是坐在电脑前敲代码？那可大错特错了！他们的工作就像一场充满挑战的冒险，每天都在和AI斗智斗勇。有时候，AI会像调皮的孩子一样“闹脾气”，这时候就需要算法工程师化身“AI驯兽师”，用智慧和耐心让它乖乖听话。

比如，当工程师教AI识别猫狗时，有时候AI会把猫认成狗，或者把狗认成猫。这时候，工程师就要像老师批改作业一样，仔细检查AI的“错误试卷”，找出问题出在哪里。是数据不够多？还是算法不够聪明？他们会像侦探一样一步步排查，直到找到解决办法。有时候，他们还会和AI进行“对抗赛”，故意给它出难题，看看它能不能通过考验。

除了和AI斗智，算法工程师还要学会和不同的“小伙伴”合作。他们需要和数据科学家、工程师、产品经理等各种角色沟通，就像一个乐队的指挥，协调大家一起创作出美妙的音乐。有时候，他们还要把复杂的算法变成通俗易懂的语言，让不懂技术的人也能理解AI的神奇之处。

在这个过程中，算法工程师也会遇到很多有趣的挑战。比如，他们曾经让AI学习画蒙娜丽莎，结果AI画出了一幅让人捧腹大笑的抽象画。这时候，工程师们不会气馁，反而会从中找到改进的灵感。他们就像魔术师的助手，不断探索AI的潜力，让它创造出更多令人惊叹的奇迹。

职业档案

一、核心职责

算法工程师是AI系统的“大脑设计师”，他们通过编写算法模型，让AI具备学习和决策能力。具体职责包括：

（1）模型开发：设计图像识别、语音识别等核心算法（如用卷积神经网络[①]修复古画）。

（2）性能优化：提升AI运行效率（如将自动驾驶决策时间从1秒缩短至0.1秒）。

（3）跨领域协作：与医生、艺术家等合作，解决医疗诊断、文化遗产保护等现实问题。

（4）技术迭代：持续跟踪AI前沿技术。

二、技能树

能力维度	具体要求	初中关联
编程能力	精通Python/C++，熟练使用TensorFlow、PyTorch框架（初中可学Scratch[②]入门）	信息技术课：编程基础、逻辑训练
数学基础	代数、几何、概率统计（如用概率模型预测交通拥堵）	数学课：函数、统计图表
逻辑思维	将复杂问题分解为可计算的步骤（如设计“AI垃圾分类”算法：识别→分类→反馈）	物理课：力学分析与系统设计思维
跨学科知识	医疗、艺术、环保等领域的基础知识（如了解敦煌壁画颜料成分辅助修复）	历史/化学课：跨学科项目学习

三、学历与职业路径

（一）学历建议

1. 本科：计算机科学、数学、人工智能专业。

2. 硕士/博士：深度学习、计算机视觉等研究方向。

---

① 卷积神经网络：一种专门用于处理网格结构数据（如图像、音频）的深度学习模型，经训练可完成分类、预测等任务。

② Scratch是一款专门为儿童设计的图形化编程工具，通过拼接色彩丰富的积木式指令模块，孩子们无需书写复杂代码，就能轻松创作出动画、游戏、故事等交互作品，从而开启编程学习与创意表达的大门。

（二）职业发展

1. 初级：参与算法模型调试。

2. 中级：主导项目开发（如自动驾驶算法）。

3. 高级：成为技术专家或团队管理者。

4. 行业选择：互联网、医疗、智能制造、文化遗产保护。

四、行业趋势与误区

（一）未来趋势

1. 量子AI[①]：量子计算加速算法训练（如破解复杂加密问题）。

2. 生成式AI：开发AI创作工具（如自动生成动漫角色）。

（二）常见误区

1. “算法工程师只需写代码”→需数学思维+跨领域知识。

2. “高学历是唯一路径”→部分企业更看重项目经验。

初中生行动指南

1. 技能培养

参加编程社团，用Scratch设计“自动批改作业”程序。

学习数学建模，尝试用Excel预测班级考试成绩趋势。

2. 实践拓展

报名“AI夏令营”，体验算法开发全流程。

关注Kaggle[②]青少年竞赛（如“AI垃圾分类挑战赛”）。

---

① 量子AI：是将量子计算强大的并行处理和量子特性与人工智能的学习、优化能力相结合，以突破传统计算限制，实现更高效智能任务处理的前沿技术领域。

② Kaggle：一个全球知名的数据科学竞赛平台，为数据科学家、机器学习爱好者提供数据集、竞赛项目和交流社区，帮助大家提升技能、展示才华并探索数据科学的前沿领域。

职业情景漫画

分镜1：褪色的千年瑰宝

唐代飞天的色彩在岁月中凋零，人工修复追赶不上时光。

分镜2：AI助手上线！

工程师小雨带着AI助手，用科技解读古人笔触密码。

分镜3：壁画重生特训

365天特训，AI从残片中学会飞天的飘逸神韵。

分镜4：人机共舞敦煌

AI一年完成十年使命，古老艺术与未来科技深情相拥。

未来考古

这…这是盛唐的气象啊！

下一个任务——复活碎成渣的唐三彩！

2.2 数据科学家

职业介绍

一、数据科学家的神奇“寻宝”之旅

同学们，你们知道吗？在AI的奇妙世界里，有一群像超级侦探一样厉害的人，他们就是数据科学家！这些数据科学家每天都在进行一场特别的“寻宝”之旅，只不过他们寻找的不是真正的宝藏，而是隐藏在大量数据中的秘密信息。

想象一下，数据就像是一片无边无际的海洋，里面有各种各样的“小秘密”。数据科学家们就像是勇敢的探险家，驾驶着一艘叫“数据分析工具”的小船，在这片数据海洋里航行。他们要从无数看似杂乱无章的数据中，找到那些有用的“宝贝”。比如，一家电商公司想知道顾客最喜欢买什么东西，数据科学家就会收集顾客的购买记录、浏览历史等数据，然后像侦探一样仔细分析。他们能发现原来很多人在夏天喜欢买冰淇淋和游泳用品，这样电商公司就知道该多进这些货了。

数据科学家还会用一些有趣的方法来分析数据。他们把数据整理成图表，就像把宝藏的线索画成地图一样。这样，大家就能更清楚地看到数据里隐藏的信息。他们有时候也会用数据预测未来，比如预测明天的天气，或者预测哪个球队更有可能赢得比赛。是不是让人惊叹？

二、数据科学家助力各行各业大变身

数据科学家可不仅仅是在数据海洋里“寻宝”，他们还会把找到的“宝藏”运用到各个行业，让这些行业发生神奇的变化！

在医疗行业，数据科学家就像医生的得力助手。他们收集病人的病历、检查结果等数据，然后分析这些数据，看看能不能发现一些疾病的规律。比如，通过分析大量的病例，他们发现经常熬夜和吃高糖食物的人更容易得糖尿病。这样，医生就能根据这些信息，提前提醒病人注意健康的生活方式。而且，数据科学家还能帮助研发新的药物。他们通过分析药物试验的数据，看看哪种药物对治疗某种疾病更有效，大大加快了新药研发的速度。

在交通领域，数据科学家也发挥着大作用。他们收集道路上的车流量、交通事故等数据，分析出哪些路段容易堵车。然后，交通部门就可以根据这些信息，合理调整信号灯的时间，让交通变得更顺畅。数据科学家还能预测交通事故的发生，提前采取措施预防，保障大家的出行安全。这就像给城市的交通装上了一个“智慧大脑”，让城市的交通变得更有序。

职业档案

一、核心职责

数据科学家是AI时代的“数据侦探”，通过挖掘数据价值驱动行业变革。核心职责包括：

（1）数据采集与清洗：从多源异构数据（如社交媒体文本、医疗影像、传感器信号）中提取有效信息，剔除噪声与冗余。

（2）建模与预测：构建机器学习模型，揭示数据背后的规律。

（3）可视化与决策支持：将复杂分析结果转化为动态图表，为企业或政府提供决策依据。

（4）跨领域协作：与业务部门合作定义需求，推动数据落地应用。

二、技能树

能力维度	具体要求	初中关联
数学与统计	精通概率论、线性代数（用于降维分析）	数学课：函数图像、统计初步（如用Excel分析班级学生身高分布）
编程能力	熟练使用Python/R，掌握Pandas/NumPy（初中可从Scratch过渡到Python①基础）	信息技术课：循环语句、变量运算（如用编程统计运动会奖牌数据）
数据库操作	熟悉SQL/MongoDB（初中可尝试用Access②建立简易数据库）	信息技术课：数据库基础（如设计学生图书借阅系统）
行业知识	了解金融、医疗等领域逻辑（如分析保险理赔数据需理解险种规则）	历史/地理课：跨学科项目（如结合地理数据研究城市发展趋势）

三、学历与职业路径

（一）学历建议

1. 本科：数学、统计学、计算机科学。

2. 硕士/博士：数据科学、机器学习。

① Python：是一种简单易学、功能强大且应用广泛的高级编程语言，凭借丰富的库和简洁的语法，可用于Web开发、数据科学、人工智能、自动化脚本等众多领域。

② Access：由微软发布的一款功能强大且易于使用的桌面关系型数据库管理系统，广泛应用于小型企业和个人用户的数据管理场景。

（二）职业发展

1. 初级：参与数据清洗与基础分析。
2. 中级：主导中型项目。
3. 高级：制定企业数据战略。
4. 行业选择：金融风控、医疗诊断、智慧城市。

四、行业趋势与误区

（一）未来趋势

1. 联邦学习[①]：在医疗等隐私敏感领域实现“数据不出域”建模。
2. 实时数据分析：用Flink[②]等框架处理金融高频交易数据。

（二）常见误区

1. “模型越复杂越好”→需平衡精度与可解释性。
2. “数据科学家=程序员”→核心能力是业务理解与问题抽象。

初中生行动指南

1. 技能培养

用Excel制作班级成绩雷达图，分析偏科情况。

学习Python基础，用Matplotlib[③]绘制家庭用电量变化曲线。

2. 实践拓展

参加“城市热岛效应”数据调研项目（测量社区温度并分析与绿化率的关系）。

参与Kaggle“泰坦尼克号生存预测”入门竞赛（学习数据预处理与分类模型）。

---

① 联邦学习：是一种在不直接共享原始数据的情况下，各方利用本地数据训练模型，并通过加密机制交互模型参数，从而共同提升模型性能的分布式机器学习技术。

② Flink：是一个开源的、分布式的流处理和批处理统一的大数据处理框架，能提供高吞吐量、低延迟、精确的处理保证，广泛应用于实时数据分析等场景。

③ Matplotlib：是Python中的一个强大且广泛使用的绘图库，它能帮助用户轻松创建包括折线图、柱状图、散点图等在内的多种高质量可视化图形，用于数据的直观展示与分析。

职业情景漫画

分镜1：忙碌的数据收集员

小乐和小美开启数据收集工作啦！

分镜2：神秘的数据大整合

收集完数据，开始整合分析！

分镜3：惊人的预测结果

不好，有极端天气要出现！

大暴雨要来啦！

得赶紧想办法！

分镜4：传递关键预警

预警发出，希望能保障安全！

2.3 机器学习研究员

职业介绍

一、AI“成长导师”：机器学习研究员，带AI开启学习之旅

同学们，你们有没有想过，AI啥都懂，还会许多厉害的技能，它是怎么学会的呢？这可离不开一群超厉害的“幕后英雄”——机器学习研究员，他们就像是AI的专属“成长导师”，带着AI开启奇妙的学习之旅！

想象一下，机器学习研究员的工作就像教小宠物学技能。比如说教小狗坐下、握手，研究员们也在教AI认识各种东西。他们会给AI看大量的图片，像小猫、小狗、小汽车的图片，告诉AI这些都是什么。AI刚开始可能会认错，把小猫当成小狗，但研究员们不会着急，他们会耐心地纠正AI，就像温柔的老师对待学习困难的学生一样。

而且，研究员们还会教AI一些特别的“思考方法”。比如，让AI学习从一堆数字里找出规律。这就好比我们玩找规律的游戏，1、3、5、7，下一个数是几呢？AI也在努力学习这样的思考方式，学会之后，它就能解决更复杂的问题了！

二、见证AI“逆袭”：从“小白”变“大神”

经过机器学习研究员的耐心教导，AI就像开了挂一样，从啥都不太懂的“小白”，一路逆袭成为“大神”！

就拿写故事来说，一开始，AI写的故事可能很简单，没什么意思。但研究员们会给AI“喂”很多很多精彩的故事，让它学习别人是怎么写的。AI学习了各种故事的情节、人物设定和表达方式后，写出来的故事就越来越精彩。它能创造出奇幻的世界，里面有会魔法的小精灵、勇敢的骑士，还有神秘的宝藏。

在绘画方面，AI也是进步飞速。刚开始，它画的画可能歪歪扭扭，像小朋友画的一样。但研究员们会给AI看大量的优秀画作，让它学习不同的绘画风格和技巧。慢慢地，AI就能画出超级逼真的风景、可爱的卡通人物，甚至还能融合不同的风格，创造出独一无二的作品呢！

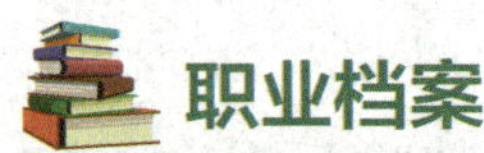

职业档案

一、核心职责

机器学习研究员如同AI的“专属教师”，专注于让AI自主学习和进步，核心职责涵盖多个关键领域：

（1）算法创新与研究：探索前沿机器学习算法，开发新模型结构，优化现有算法性能。

（2）模型训练与优化：运用大量数据训练模型，调试超参数[①]，提高模型准确性和泛化能力[②]。

（3）研究成果转化：将理论研究成果应用于实际场景，与工程师协作推动产品落地。

（4）跟踪前沿技术：关注机器学习领域最新动态，参与学术交流，为团队引入新技术和理念。

二、技能树

能力维度	具体要求	初中关联
编程能力	精通Python，熟练掌握Scikit-learn、PyTorch等库（初中可通过Python基础编程积累经验）	信息技术课：编程基础，如循环、条件语句的运用
数学基础	掌握高等数学、线性代数、概率论（利用线性代数进行数据降维）	数学课：函数、方程等知识，为理解复杂数学模型奠基
研究能力	具备文献调研、实验设计、数据分析能力（如设计实验对比不同模型效果）	物理课实验探究环节：实验设计、数据记录与分析
领域知识	了解医疗、金融、教育等行业特点（如结合医学影像数据训练疾病诊断模型）	历史、地理等学科跨学科学习：了解不同领域基本情况

① 超参数：是在机器学习模型训练前需要人为预先设定的参数，而非通过数据学习得到，其取值对模型的性能和训练效果起着关键影响。

② 泛化能力：是指机器学习模型对未见过的数据进行准确预测和处理的能力，反映了模型从训练数据中学习到的一般性规律在新数据上的适用程度。

三、学历与职业路径

（一）学历建议

1. 本科：计算机科学、数学、统计学等专业。

2. 硕士/博士：机器学习、人工智能等研究方向。

（二）职业发展

1. 初级：协助资深研究员进行数据预处理①和简单模型训练。

2. 中级：独立开展小型研究项目，发表学术成果。

3. 高级：成为研究团队核心成员或负责人，引领行业技术发展。

4. 行业选择：互联网、金融科技、医疗健康、智能教育等领域。

四、行业趋势与误区

（一）未来趋势

1. 迁移学习与多模态融合：实现知识跨领域迁移，融合多种数据模态②。

2. 强化学习与智能决策：在复杂系统中优化决策，提升AI自主决策能力。

（二）常见误区

1. “只追求模型复杂度” →简单模型在特定场景可能更有效，需综合考量性能和资源。

2. “机器学习仅靠理论” →实践经验同样重要，需通过大量实验优化模型。

初中生行动指南

1. 技能培养

参与Python编程学习小组，编写简单的机器学习代码。

学习数据处理技巧，用Excel进行数据清洗和简单统计分析。

2. 实践拓展

参加线上机器学习兴趣班，学习基础算法原理和应用。

关注科技公司举办的青少年机器学习挑战赛，锻炼实践能力。

---

① 数据预处理：是在对数据进行分析或建模之前，对原始数据进行采集、清理、转换等处理，以提高数据质量、减少噪声和异常值影响，并使数据更适合后续分析和处理的过程。

② 数据模态：是指数据的不同表现形式或类型，如图像、文本、音频、视频等，每种模态都具有独特的特征和处理方式。

职业情景漫画

分镜1：神秘的音乐伙伴

来，认识一下咱们的音乐“学生”！

分镜2：音乐知识大补给

快给AI“喂”点音乐知识！

分镜3：初次创作小尝试

看，AI开始自己创作啦！

分镜4：超棒的音乐诞生

哇，AI的作品太惊艳啦！

这音乐绝了！

太厉害啦，AI！

2.4 AI系统架构师

职业介绍

一、搭建AI“智慧大厦”的神奇建筑师

同学们，在奇妙的AI世界里，有一群像超级建筑师一样厉害的人，他们就是AI系统架构师！你能想象吗？AI就像一座超级智能的“大厦”，里面有各种各样神奇的功能，而AI系统架构师就是这座“大厦”的设计师和建造者。

当我们想要建造一座真正的大厦时，需要建筑师先设计好图纸，规划好每一层楼的用途、房间的布局以及楼梯、电梯的位置。AI系统架构师也是这样工作的。他们要思考AI“大厦”需要具备哪些功能，比如语音识别、图像识别或者数据分析等。然后，他们就像绘制建筑蓝图一样，规划好AI各个部分的工作方式和它们之间的联系。

比如说，要设计一个能帮助医生诊断疾病的AI系统。AI系统架构师就要考虑，这个系统首先得能读取病人的各种检查数据，像X光片、CT扫描结果等。然后，它要能把这些数据送到专门处理图像的“房间”进行分析。分析完后，再把结果送到“诊断室”，和已知的疾病案例进行对比，最后给出诊断建议。这就像在大厦里，不同的人在不同的房间做不同的工作，而架构师要确保大家能顺畅地合作。是不是很神奇？

二、让AI“大厦”坚固又智能的秘密魔法

AI系统架构师不仅要设计出AI“大厦”的蓝图，还要让这座“大厦”既坚固又智能，这里面可藏着不少秘密魔法呢！

第一个魔法是“选材料”。就像建造真正的大厦需要选择合适的建筑材料一样，AI系统架构师要为AI选择合适的技术和工具。比如，有些AI需要处理大量的数据，架构师就会挑选一种能快速存储和读取数据的“材料”，让AI能高效地工作。

第二个魔法是“搭框架”。这可不是普通的框架哦！架构师要把AI的各个部分巧妙地连接在一起，让它们能像一个团队一样协同工作。比如，在一个智能交通AI系统里，负责监测路况的部分要能及时把信息传给负责规划路线的部分，这样才能给司机提供最佳的行车路线。

还有一个魔法是“升级改造”。随着人们对AI的要求越来越高，AI“大厦”也要不断升级。AI系统架构师就像给大厦进行装修和扩建的师傅，不断为AI增加新的功能，让它变得更聪明、更强大。比如，原来只能识别简单图像的AI，经过架构师的改造，现在能识别更复杂、更模糊的图像了。

职业档案

一、核心职责

AI系统架构师是AI工程领域的“总设计师”，负责搭建支撑AI应用的底层框架，如同建造智慧城市的蓝图工程师。核心职责包括：

（1）系统设计与规划：设计端到端AI系统架构，确保高并发场景下的稳定性。

（2）技术选型与优化：选择适配的算法框架、硬件方案，平衡性能与成本。

（3）跨模块整合：打通数据采集、模型训练、服务部署全流程，解决多技术栈①兼容性问题。

（4）技术预研与创新：探索前沿技术，应对行业需求升级。

二、技能树

能力维度	具体要求	初中关联
系统思维	掌握分层架构设计原则	物理课：电路系统设计
硬件与网络	熟悉服务器集群、分布式存储原理	信息技术课：网络基础
算法理解	深入掌握CNN/RNN等模型特性	数学课：矩阵运算
项目管理	运用敏捷开发管理工具（Jira/Trello）	综合实践课：小组分工协作（如设计校园AI导览系统）

三、学历与职业路径

（一）学历建议

1. 本科：计算机科学、电子信息工程。
2. 硕士/博士：人工智能、分布式系统。

（二）职业发展

1. 初级：参与模块开发与调优。
2. 中级：主导中型系统设计。

---

① 技术栈：是指为实现特定业务目标，将多种相关的技术、工具、框架和平台组合而成的一套完整技术体系。

3. 高级：负责企业级AI平台规划。

4. 行业选择：云计算、智能硬件、金融科技。

四、行业趋势与误区

（一）未来趋势

1. 边缘智能：在终端设备实现本地化AI处理（如智能手表健康监测）。

2. 模型轻量化：通过剪枝①、量化②技术降低模型部署门槛（如手机端实时翻译）。

（二）常见误区

1. “架构设计=画流程图”→需深入技术细节。

2. “过度追求技术前沿”→需结合业务场景选择成熟方案。

初中生行动指南

1. 技能培养

用Minecraft③搭建“智能校园”模型，设计教学楼-图书馆路径规划算法。

学习用Visio④绘制系统架构图，模拟家庭智能设备联动方案。

2. 实践拓展

参加“AI+物联网”创新工坊，用Arduino⑤开发环境传感器联动系统。

分析智能家居产品说明书，拆解其系统架构逻辑。

---

① 剪枝：是一种在决策树、神经网络等机器学习模型训练过程中，通过去除对模型性能影响较小的节点、连接或参数，以减少模型复杂度、防止过拟合并提高模型泛化能力的方法。

② 量化：是一种将连续的数值或信号转换为离散的数字表示，以便于计算机进行处理、存储和传输的技术，在数字信号处理、图像编码、金融风险评估等领域有广泛应用。

③ Minecraft：即微软旗下的沙盒游戏《我的世界》，玩家在游戏中以第一人称视角与3D方块交互，可采集材料、合成物品、探索世界、建造建筑等，有多种游戏模式，玩法丰富，自由度极高。

④ Visio：是一款由微软公司开发的专业绘图软件，主要用于创建各种类型的流程图、组织结构图、工程图、网络图等，以直观地展示信息和数据之间的关系。

⑤Arduino：是一个开源电子原型平台，由硬件和软件组成，旨在让用户能够轻松创建交互式电子项目，广泛应用于电子制作、创意项目、机器人开发等领域。

职业情景漫画

分镜1：奇思妙想的开始

打造智能校园，想法超酷！

分镜2：准备智能“零件”

收集材料，准备大干一场！

分镜3：智能校园初亮相

看，智能校园有点模样啦！

分镜4：未来可期的校园

智能校园，未来超美好！

职业探索站——挑战：设计防沉迷游戏AI

同学们，游戏就像一把双刃剑。在紧张的学习之余，玩会儿游戏能放松身心，让我们在虚拟世界里体验不同的乐趣。可要是玩得太沉迷，就会带来不少麻烦。有些同学一玩起游戏，就忘记了写作业，晚上熬夜玩，第二天上课没精神，成绩也下降了。而且一直坐着玩游戏，还对身体不好，造成视力下降、体能下降。所以，设计一个防沉迷游戏AI迫在眉睫，它能帮助大家合理控制游戏时间，让游戏成为生活的调味剂，而不是成长路上的绊脚石。

一、设计指南

明确目标：思考设计这个AI想要达到什么效果。比如，控制每天游戏时长在1~2小时，防止深夜玩游戏，或者确保玩游戏不影响正常学习和休息时间。

规划功能：根据目标确定AI的具体功能。可以包括时间管理功能，记录玩家游戏时长，达到上限自动暂停游戏；学习时间保护功能，在设定的学习时间段内禁止登录游戏；疲劳监测功能，通过摄像头或其他方式判断玩家是否疲劳，提醒休息。

选择实现方式：想想如何让AI实现这些功能。例如，通过与游戏平台的登录系统对接，获取玩家登录和退出时间来计算游戏时长；利用设备的摄像头进行图像识别，判断玩家是否疲劳；读取设备系统时间，判断是否处于学习或休息时间段。

设计提醒方式：当需要提醒玩家时，选择有趣又有效的方式。可以是弹窗提醒，上面有可爱的卡通形象和温馨提示语；也可以是语音提醒，用温柔或幽默的声音告知玩家；还能通过游戏内角色互动来提醒，比如游戏角色跑过来对你说“该休息啦”。

二、创意示例

（一）“时光小卫士AI”

功能：精准记录玩家每日游戏时间，设定每天游戏时长上限为1.5小时。达到上限后，游戏自动暂停，弹出提示框显示“游戏时间结束啦，该休息啦！”，且1小时内无法重新登录。同时，玩家可在系统中设置学习时间，在学习时间段内游戏无法登录。

实现方式：AI与游戏平台登录系统相连，记录登录和退出时间。玩家首次使用时，在设置界面填写学习时间，AI将这些信息存储并据此限制登录。

提醒方式：弹窗提醒，提示框上有一个可爱的小闹钟形象，指针指向停止的位置，旁边配有文字和动画效果。

（二）“健康小精灵AI”

功能：不仅监测游戏时长，还通过摄像头监测玩家状态。如果发现玩家长时间保持同一姿势，眼神不聚焦，就判断为疲劳状态，发出休息提醒。每天晚上10点到早上6点，禁止登录游戏。

实现方式：利用图像识别技术，分析摄像头捕捉到的玩家画面。通过读取设备系统时间，判断是否处于夜间禁玩时段。

提醒方式：游戏中一个可爱的小精灵飞过来，围绕玩家角色跳舞，同时发出语音提醒：“主人，你累啦，快休息吧！”

三、开启你的创意之旅

现在，发挥你的想象力和创造力，设计属于你的防沉迷游戏AI吧！在下面的表格里，写下它的名字、主要功能、实现方法、提醒玩家的方式，还可以简单画一幅设计草图。期待你独特的创意，让我们一起为健康游戏助力！

设计项目	内容
防沉迷游戏AI名称	
主要功能	
实现方法	
提醒玩家的方式	
设计草图（简单绘制）	

第三章

落地应用：AI改造百业

AI就像超级魔法师，轻轻一挥魔法棒，各行各业都发生了巨大的变化！这一章，AI产品经理会像充满奇思妙想的“校园安全发明家”，创造出守护校园的智能小卫士；机器人训练师如同耐心的“机器武术大师”，教会机器人行云流水般地打太极拳；智能驾驶工程师则化身为汽车的“智慧领航员”，让汽车实现无人驾驶的酷炫技能；AI健康管理师更像是如影随形的“健康小精灵”，时刻为大家的健康保驾护航。跟上脚步，一起揭开AI改造百业背后的奇妙秘密！

3.1 AI产品经理

职业介绍

一、构思神奇AI产品的“梦想家”

同学们，在奇妙的AI世界里，有一群超厉害的“梦想家”，他们就是AI产品经理！你知道吗，我们生活中那些AI产品，像能和你聊天的智能音箱、帮你拍照找路的手机APP，背后都离不开AI产品经理的奇思妙想。

AI产品经理就像是拍电影的大导演，要先构思出一个精彩的故事。比如，他们想做一个能帮助大家学习的AI产品，就会先思考：这个产品要帮大家学什么？是语文、数学，还是英语？怎么学才有趣又有效呢？就像拍一部有趣的学习电影，得有吸引人的角色、精彩的情节。

他们还得像聪明的探险家，去了解大家的需求。会通过各种办法，比如问问同学们在学习上遇到什么困难，观察老师是怎么教学的。就像探险家寻找宝藏，找到大家对学习产品的期待。找到需求后，AI产品经理就开始画“蓝图”，规划产品的样子，这里面的功能就像电影里的各种场景，要让大家用起来方便又开心。

二、让AI产品从“想象”变“现实”的“魔法使者”

仅仅有想法可不够，AI产品经理还是让AI产品从“想象”变“现实”的“魔法使者”！

就像建造一座漂亮的城堡，AI产品经理要和很多人一起合作。他要把自己的想法告诉程序员叔叔、设计师阿姨，让他们帮忙把产品做出来。程序员叔叔就像勤劳的工匠，用代码把产品的功能一点点搭建起来；设计师阿姨则像厉害的画家，把产品打扮得漂漂亮亮，让它的界面既好看又好用。

在产品制作过程中，AI产品经理要时刻关注进度，就像监工一样。如果发现有问题，比如功能不好用，或者界面不好看，就要及时和大家一起商量解决。这就好比城堡建造时发现城墙不牢固，要赶紧想办法加固。

当产品做好后，AI产品经理还要试试这个产品是不是真的好用。就像你拿到一个新玩具，要先玩一玩，看看好不好玩。如果不好玩，就要继续改进。只有经过不断地测试和改进，这个AI产品才能真正走进大家的生活，给我们带来方便和乐趣。

职业档案

一、核心职责

AI产品经理是AI产品从构思到落地的“掌舵人”，负责将AI技术转化为满足市场需求的产品，具体职责如下：

（1）市场调研与需求分析：研究市场趋势、用户需求，分析竞品，挖掘AI应用机会点，确定产品方向。

（2）产品规划与设计：制定产品路线图，设计产品功能和用户体验，协调技术、设计、运营等团队推进产品开发。

（3）项目管理与推进：把控项目进度，确保按时交付，解决开发过程中的问题和风险，保障产品顺利落地。

（4）产品运营与优化：收集用户反馈，分析产品数据，持续优化产品功能和性能。

二、技能树

能力维度	具体要求	初中关联
市场洞察	具备市场分析、用户研究能力	历史与社会课：市场调研项目
产品设计	掌握产品原型设计工具，具备交互设计思维	美术课：设计基础 信息技术课：软件操作基础
技术理解	了解AI技术原理（如机器学习算法基础）、开发流程	科学课：技术原理学习 信息技术课：编程初步
沟通协作	拥有良好的沟通、协调、团队管理能力（如组织校园社团活动）	综合实践活动：小组合作项目（锻炼沟通协调）

三、学历与职业路径

（一）学历建议

1. 本科：计算机科学、市场营销、工业设计等专业。

2. 硕士：产品管理、人工智能等相关方向。

（二）职业发展

1. 初级：协助产品经理进行市场调研、文档撰写，参与部分产品功能设计。

2. 中级：负责独立产品模块的规划与推进，带领小团队完成项目。

3. 高级：主导大型AI产品的战略规划，成为行业专家或团队管理者。

4. 行业选择：互联网、金融、教育、医疗等领域。

四、行业趋势与误区

（一）未来趋势

1. 个性化定制：利用AI实现产品的深度个性化，提升用户体验。

2. 跨界融合：AI与物联网①、区块链②等技术融合，创造新的产品形态。

（二）常见误区

1. “AI产品经理只需懂业务”→需要技术、业务、设计等多方面知识和能力。

2. “技术主导产品方向”→应综合考虑市场、用户、技术等多因素确定产品方向。

初中生行动指南

1. 技能培养

参与校园市场调研，分析同学们对校园文创产品的需求，撰写调研报告。

学习使用在线原型设计工具（如Mockitt③），设计简单的校园活动报名系统原型。

2. 实践拓展

参加学校的创新项目，尝试设计一个校园智能助手产品方案。

关注互联网产品社区，了解产品设计案例和趋势。

---

① 物联网：是通过各种信息传感设备，如射频识别装置、红外感应器等，按约定的协议把物品与互联网相连接，进行信息交换和通信，以实现对物品的智能化识别、定位、跟踪、监控和管理的一种网络。

② 区块链：是一种去中心化的分布式账本技术，通过密码学技术确保数据的不可篡改和安全共享，具有分布式账本、共识机制、智能合约等核心特点，可应用于金融、供应链、物联网等多个领域。

③ Mockitt：是一个在线一体化设计、原型制作与协作平台，提供丰富功能，能帮助UI/UX设计师创建交互式原型、流程图和思维导图等，且具备AI功能，可提升设计效率。

职业情景漫画

分镜1：校园安全难题

校园安全问题让人发愁。

分镜2：灵感闪现

嘿，有办法啦！

分镜3：巡逻员“诞生”

AI校园安全巡逻员来喽！

分镜4：巡逻显身手

开始巡逻，校园更安全啦！

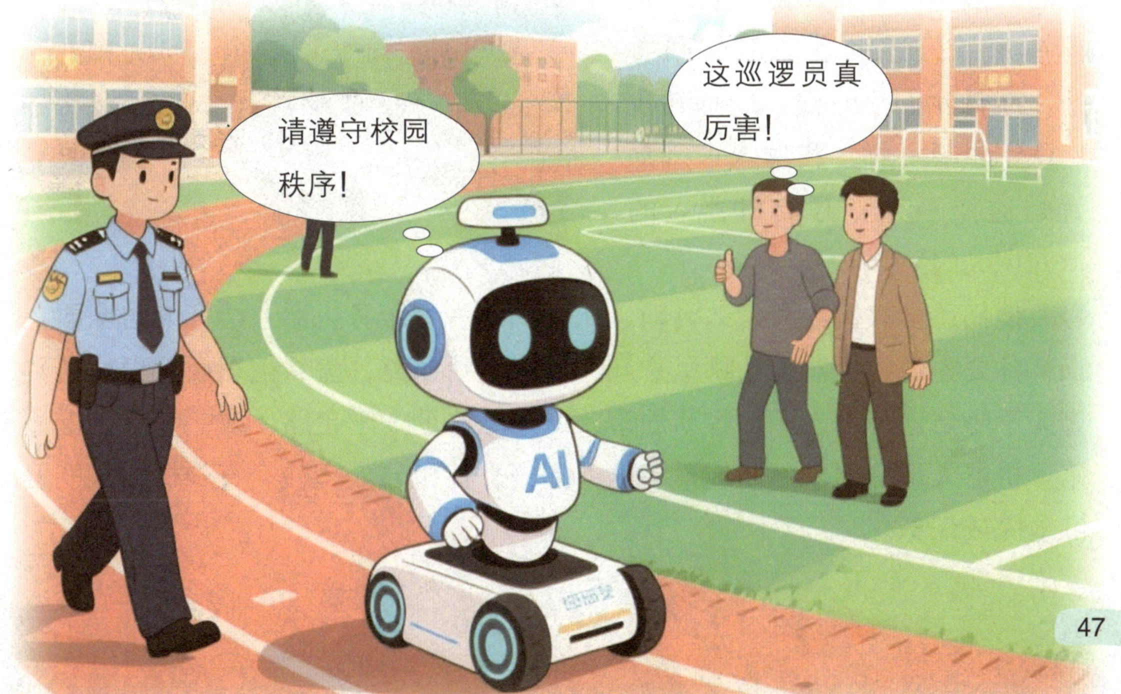

3.2 机器人训练师

职业介绍

一、开启机器人“学习之旅”的神奇导师

同学们，在神奇的AI世界里，有一群超级厉害的“老师”，他们就是机器人训练师！你看那些会跳舞、能做家务，甚至还能在工厂里帮忙干活的机器人，都是在机器人训练师的教导下，才学会了这些本领。

想象一下，机器人就像一个刚入学的小朋友，啥都不太懂。机器人训练师呢，就开始耐心地教它们各种技能。比如说教机器人认识各种物品，训练师会拿着一个苹果，对机器人说：“看，这是苹果，红红的，圆圆的。”然后让机器人摸摸苹果，感受它的形状和质地。就像我们小时候，老师教我们认识世界一样，机器人训练师就是这样一点点开启机器人的“知识大门”。

他们还会教机器人怎么行动。比如训练一个服务机器人给客人送东西，训练师要先告诉机器人从哪里拿起物品，走哪条路，怎么把东西稳稳地送到客人手中。这可不是一件容易的事，就像教小朋友学走路，要一步一步慢慢来。机器人训练师要不断地重复这些指令，让机器人记住，直到机器人能熟练地完成任务。

二、见证机器人“华丽变身”的幕后英雄

经过机器人训练师耐心的教导，机器人就像开了挂一样，实现了“华丽变身”！

在工厂里，机器人训练师能把普通的机械臂训练成超级“工作达人”。他们教机械臂如何精准地抓取零件，进行组装。机械臂一开始可能笨手笨脚，老是抓不准。但训练师不放弃，不断调整训练方法，慢慢地，机械臂就能又快又准地完成工作，大大提高了工厂的生产效率。

在表演舞台上，机器人训练师更是让机器人成为耀眼的明星。他们训练机器人跳舞，设计各种有趣的舞蹈动作。从简单的抬手、转身，到复杂的旋转、跳跃，机器人在训练师的指导下，逐渐掌握了舞蹈的技巧。当机器人在舞台上随着音乐欢快地舞动时，台下的观众都被它们精彩的表演所折服，而这背后，机器人训练师功不可没。

而且，机器人训练师还要不断地更新机器人的“知识库”。随着科技的发展，新的知识和技能不断涌现，训练师要及时把这些教给机器人，让它们能跟上时代的步伐，一直保持“聪明能干”。

职业档案

一、核心职责

机器人训练师是AI时代的“机器教练”，通过赋予机器人“行为准则”与“情感感知”，让冰冷的机械体具备人类协作能力。核心职责包括：

（1）行为训练：设计机器人动作逻辑，调试传感器与执行器协同。

（2）场景适应：针对不同行业定制训练方案，模拟复杂环境干扰测试。

（3）故障诊断与优化：分析机器人异常行为数据，优化算法参数。

（4）跨领域协作：与工程师、心理学家合作，推动机器人伦理规范建设。

二、技能树

能力维度	具体要求	初中关联
编程能力	掌握Python/ROS，熟悉运动控制算法（初中可从Arduino编程入门）	信息技术课：循环语句、传感器应用（如用光敏电阻控制灯亮灭）
机械原理	理解齿轮传动、动力学平衡（如分析人形机器人关节扭矩分配）	物理课：力学分析（如斜面省力原理类比机器人运动轨迹规划）
场景化思维	设计“教学→反馈→迭代”训练闭环（如训练导盲机器人识别交通信号灯）	综合实践课：项目式学习（如设计校园垃圾分类机器人流程）
沟通能力	将技术语言转化为用户需求（如向养老院护工解释机器人操作逻辑）	语文课：说明文写作（编写机器人用户手册）

三、学历与职业路径

（一）学历建议

1. 本科：机械工程、自动化、人工智能。
2. 硕士/博士：机器人控制、人机交互。

（二）职业发展

1. 初级：执行基础训练任务（如校准工业机器人焊接路径）。
2. 中级：主导场景化训练方案（如设计农业采摘机器人避障策略）。

3. 高级：制定行业机器人标准（如参与人形机器人安全认证体系建设）。

4. 行业选择：智能制造、医疗康复、教育服务（如开发儿童编程教育机器人）。

四、行业趋势与误区

（一）未来趋势

1. 协作机器人[①]：与人共享工作空间（如手术机器人辅助医生精准操作）。

2. 多模态交互：融合语音、手势、表情识别（如情感陪伴机器人[②]读懂人类情绪）。

（二）常见误区

1. “机器人训练=写代码”→需理解机械结构与人类行为逻辑。

2. “机器人万能”→需提前规划伦理边界（如禁止训练武器化机器人）。

初中生行动指南

1. 技能培养

用乐高EV3[③]编程实现“机器人循迹走迷宫”，理解PID[④]控制原理。

设计“校园导览机器人”对话流程，练习场景化训练思维。

2. 实践拓展

参加“机器人足球赛”，学习团队协作与策略编程。

调研本地工厂，采访工业机器人操作员，撰写《自动化生产观察报告》。

---

① 协作机器人：指能够与人类在共同工作空间中安全、紧密协作的机器人，通常具有传感器和智能控制系统，可适应不同的工作场景和任务需求。

② 情感陪伴机器人：是一种具备情感感知、交互和表达能力，旨在为用户提供情感支持、陪伴与慰藉的智能机器人。

③ 乐高EV3：是一款由乐高公司推出的第三代可编程智能机器人套装，包含多种传感器和马达，可通过编程实现各种复杂的动作和任务，常用于教育和科技爱好者的创意搭建与编程实践。

④ PID：是比例（Proportional）、积分（Integral）、微分（Derivative）控制算法的简称，它通过对误差的比例、积分和微分运算来调节控制系统的输出，使系统达到稳定且准确的控制效果。

职业情景漫画

分镜1：太极初体验

机器人学打太极拳第一式！

分镜2：动作纠错记

机器人学动作需要反复调整！

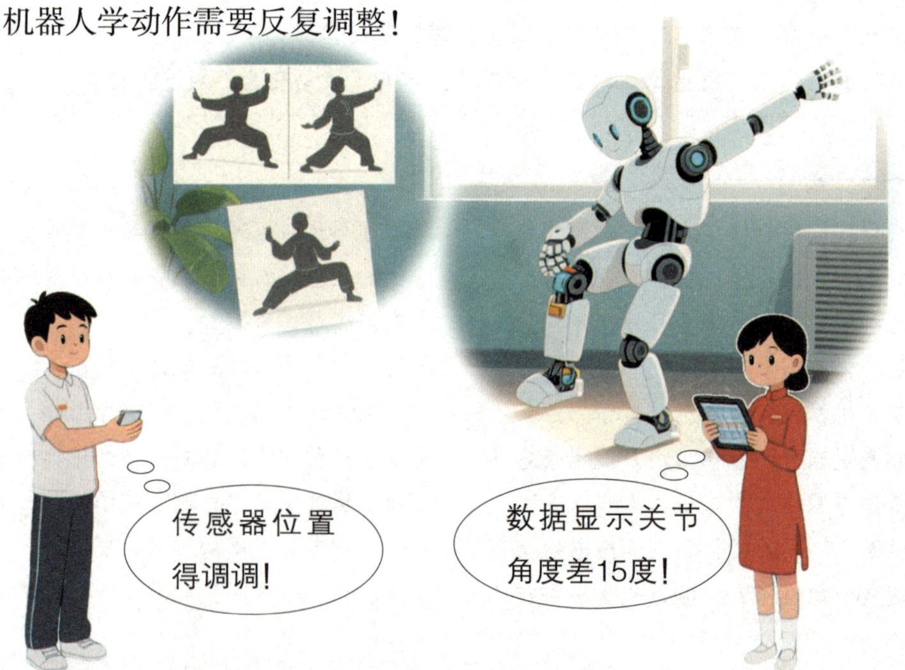

分镜3：人机共舞

反复练习终于有进步啦！

分镜4：完美收官

机器人太极表演成功！

3.3 智能驾驶工程师

职业介绍

一、打造智能汽车“智慧大脑”的神奇工匠

同学们，在科技飞速发展的今天，智能驾驶汽车就像来自未来的神奇座驾，正慢慢走进我们的生活。而这背后，有一群超级厉害的人，他们就是智能驾驶工程师，堪称打造智能汽车“智慧大脑”的神奇工匠！

想象一下，智能汽车就像一个超级聪明的小伙伴，能自己认路、躲避障碍物，还能根据路况调整车速。这可都离不开智能驾驶工程师的精心打造。他们就像给汽车安装了一个超级智能的“大脑”。

工程师们首先要教汽车“看”清周围的世界。他们在汽车上安装各种“眼睛”，像摄像头、雷达等。这些“眼睛”能看到马路上的行人、车辆、交通信号灯等。智能驾驶工程师就像耐心的老师，告诉汽车看到不同的东西该怎么做。比如，看到红灯要停下来，看到行人过马路要减速慢行。

他们还要教汽车“思考”。通过各种巧妙的设计，让汽车能分析“眼睛”看到的信息，做出正确的判断。比如，前面的车突然刹车，汽车要马上反应过来，也跟着刹车，避免追尾事故。这就像我们思考问题一样，汽车在智能驾驶工程师的教导下，也学会了如何应对复杂的交通情况。

二、引领未来交通变革的先锋战士

智能驾驶工程师可不只是让汽车变得聪明，他们更是引领未来交通变革的先锋战士！

你想想，以后马路上跑的都是智能驾驶汽车，交通会变得多么有序。智能驾驶工程师通过优化汽车的智能系统，让汽车之间能“交流”。它们可以自动保持安全距离，避免堵车。就像一群训练有素的士兵，整齐有序地前进。

而且，智能驾驶汽车还能大大提高出行的安全性。因为汽车不会疲劳驾驶，也不会像人一样因为分心而出事故。智能驾驶工程师不断地测试和改进汽车的智能系统，就是为了让每一次出行都更加安全。

在未来，智能驾驶工程师还可能让汽车实现更多神奇的功能。比如，你在上班路上，汽车可以根据你的心情播放你喜欢的音乐，或者帮你预订午餐。智能驾驶工程师正用自己的智慧，为我们打造一个更加便捷、高效、安全的未来交通世界。

职业档案

一、核心职责

智能驾驶工程师堪称“未来出行的幕后缔造者”，他们借助代码和算法，为汽车打造如同人类般精准的“驾驶大脑”。其核心职责如下：

（1）环境感知算法研发：开发能够让车辆“看清”周边状况的技术，像识别交通标志、检测行人以及预测其他车辆的行驶轨迹等。

（2）决策规划系统搭建：设计车辆的“思考流程”，使车辆能够依据实时路况做出合理决策，比如选择变道、超车或者避让等操作。

（3）控制算法调校：对车辆的油门、刹车和转向等操作进行精准控制，确保车辆行驶平稳。

（4）仿真测试与优化：利用虚拟环境对自动驾驶系统进行测试，不断优化算法性能。

二、技能树

能力维度	具体要求	初中关联
编程能力	熟练掌握C++/Python语言，熟悉ROS开发框架（初中生可从Arduino编程起步，学习传感器控制）	信息技术课：循环语句和函数的运用（如编写控制舵机转向的程序）
数学基础	精通线性代数、概率论和微积分知识（例如使用矩阵变换来转换传感器坐标系）	数学课：几何图形的平移和旋转（类比车辆运动学模型）
机器学习	熟悉CNN、Transformer等模型（如利用BEVFormer处理多传感器融合数据）	物理课：实验数据的分析与拟合（如通过拟合刹车距离曲线来优化控制算法）
行业知识	了解汽车构造和交通法规（例如理解ABS防抱死系统的工作原理）	科学课：机械运动原理（如齿轮传动与车辆动力传输的关系）

三、学历与职业路径

（一）学历建议

1. 本科：可选择计算机科学、车辆工程或自动化专业。

2. 硕士/博士：推荐人工智能、机器人学方向。

（二）职业发展

1. 初级：参与代码编写和模块测试工作。
2. 中级：负责子系统的设计与优化。
3. 高级：统筹全栈系统①研发。
4. 行业选择：可进入车企、科技公司或自动驾驶创业公司。

四、行业趋势与误区

（一）未来趋势

1. 车路协同：实现车辆与道路基础设施之间的信息交互。
2. 多模态大模型：利用相关技术实现对复杂场景的理解。

（二）常见误区

1. “智能驾驶只需算法”→还需深入理解车辆动力学和法规标准。
2. “完全依赖高精地图”→需加强自监督学习技术的研发。

初中生行动指南

1. 技能培养

用Scratch制作“交通灯控制”互动程序，理解逻辑判断在驾驶中的重要性。

学习Python基础，尝试用Pygame②模拟车辆的避障路径。

2. 实践拓展

参加“FRC③机器人竞赛”，体验自动驾驶中的视觉识别和运动控制技术。

拆解玩具车的遥控模块，探究电机控制与转向系统的工作原理。

---

① 全栈系统：是指涵盖了从底层硬件到上层软件，包括网络、存储、操作系统、数据库、中间件以及各种应用程序等整个技术架构体系的综合性系统。

② Pygame：是基于Python语言开发的一套专门用于创建视频游戏的开源库，它提供了图像、声音等多种功能模块，方便开发者快速实现游戏逻辑和交互效果。

③ FRC：指国际9～12年级中学生机器人对战赛（FIRST Robotics Competition），是在世界范围内具有影响力的国际机器人比赛，旨在激发青少年对科学与技术的兴趣。

职业情景漫画

分镜1：夜幕下的测试准备

无人车夜间测试要开始啦！

分镜2：无人车启动出发

无人车出发，挑战开始！

分镜3：突发状况出现

哎呀，前方有障碍物！

分镜4：成功避开障碍物

太棒啦，成功避开！

3.4 AI健康管理师

职业介绍

一、给健康“把关”的智能小助手

同学们，在神奇的AI世界里，有一群特殊的“健康卫士”，他们就是AI健康管理师！别小瞧他们，虽然没有真实的身体，但他们可是守护我们健康的智能小助手呢。

想象一下，AI健康管理师就像一个超级细心的小管家，时刻关注着我们的身体状况。他们通过各种神奇的设备，收集我们的健康信息，比如每天走了多少步、心跳有多快、睡眠质量怎么样。这些信息就像一个个小线索，AI健康管理师能从中发现我们身体的秘密。

比如，它发现你今天走的步数比平时少了很多，就会像个贴心的小伙伴一样提醒你：“今天是不是有点偷懒啦，多出去走走，活动活动身体哟！”要是它监测到你的睡眠质量不太好，就会给出一些改善睡眠的小建议，像睡前不要看太久电子设备，喝一杯温牛奶等等。

AI健康管理师还能根据我们的饮食习惯，给出健康饮食的搭配方案。如果你连续几天吃了太多甜食，它会“温柔地”告诫你：“甜食虽美味，但也要适量哦，不然牙齿会抗议，身体也可能会发胖呢！”它就像一个健康小百科，随时为我们的生活提供健康指引。

二、助力医疗的神奇“幕后英雄”

AI健康管理师可不只是给我们日常生活提提建议，它还是助力医疗的神奇“幕后英雄”呢！

医生在看病的时候，有时候会面对大量复杂的病人信息，很难一下子找到关键问题。这时候，AI健康管理师就能大显身手了。它可以快速分析病人之前的健康数据，比如过去一年的体检报告、生病记录等，然后把重要的信息整理出来，像一个小秘书一样，帮助医生更快地了解病人的情况，做出更准确的诊断。

在疾病预防方面，AI健康管理师也功劳不小。它能根据大家的健康数据，预测可能会出现的健康问题。比如，它发现某个地区很多人最近的血压数据都偏高，而且饮食习惯中盐的摄入量过多，就会发出预警，提醒大家要注意饮食，预防高血压。这就像是提前给我们拉响了健康警报，让我们能及时调整生活方式，避免生病。

而且，对于一些慢性病患者，AI健康管理师还能帮忙监督他们的康复情况。它会定期提醒患者按时吃药、做康复训练，就像一个耐心的护士，时刻关心着患者的健康恢复。

职业档案

一、核心职责

AI健康管理师是“数字健康守护者”，通过整合医疗数据与AI技术，为个人和群体提供精准健康服务。核心职责包括：

（1）健康数据监测与分析：整合可穿戴设备数据（如心率、睡眠质量）和医疗记录（如体检报告、用药史），识别异常指标（如连续三天血压超标预警）。

（2）个性化健康方案制定：基于用户习惯和基因数据，生成饮食、运动、用药建议。

（3）疾病风险预测与干预：运用机器学习模型预测慢性病风险，提供早期干预方案。

（4）医患协同支持：将AI分析结果转化为医生易懂的可视化报告（如疾病发展时间轴图），辅助制定治疗方案（如优化肿瘤患者化疗周期）。

二、技能树

能力维度	具体要求	初中关联
医学基础	掌握人体生理结构、常见疾病知识（如理解心电图波形与心脏健康关系）	生物课：人体器官功能（如血液循环系统与血压监测）
数据处理	熟练使用Python/Pandas分析健康数据（如用箱线图检测异常血糖值）	数学课：统计图表（如用折线图记录体温变化趋势）
算法应用	熟悉分类回归模型（如逻辑回归预测阿尔茨海默病风险）	信息技术课：编程逻辑（如用Scratch实现健康问答机器人）
伦理意识	遵守医疗数据隐私保护法规（如HIPAA）	道德与法治课：个人信息保护（如设计健康APP数据加密方案）

三、学历与职业路径

（一）学历建议

1. 本科：医学信息学、生物医学工程。

2. 硕士/博士：人工智能与健康、精准医疗。

（二）职业发展

1. 初级：参与健康数据标注与基础分析（如整理糖尿病患者血糖数据）。

2. 中级：设计慢性病管理AI系统（如开发高血压智能监测APP）。

3. 高级：主导医院智慧医疗平台建设（如搭建AI辅助诊断系统）。

4. 行业选择：互联网医疗、保险公司。

四、行业趋势与误区

（一）未来趋势

1. 多模态数据融合：整合基因组学①、穿戴设备、环境数据（如结合PM2.5数据预测呼吸道疾病）。

2. 可解释AI：用SHAP值②解释模型预测逻辑（如向患者说明“为何建议减少红肉摄入”）。

（二）常见误区

1. “AI健康管理=卖保健品”→需具备医学资质与循证依据（如方案需引用临床指南）。

2. “技术万能”→需重视人文关怀（如抑郁风险评估需结合心理咨询）。

初中生行动指南

1. 技能培养

用Excel记录班级同学BMI指数③，分析体重与运动时长的相关性。

学习Python基础，用Matplotlib绘制家庭血压变化趋势图。

2. 实践拓展

参与“校园健康数据调研”，设计问卷收集用眼习惯，分析近视成因。

参加“AI+医疗”创新大赛，尝试用机器学习预测流感传播趋势。

---

① 基因组学：是一门研究生物基因组的结构、功能、进化、表达调控以及与生物表型之间关系的学科。

② SHAP值：即SHapley Additive exPlanations值，是一种用于解释机器学习模型预测结果的方法，它基于合作博弈论中的Shapley值，衡量每个特征对模型预测结果的贡献大小。

③ BMI指数：即身体质量指数，是用体重千克数除以身高米数的平方得出的数值，用于衡量人体胖瘦程度与健康状况。

职业情景漫画

分镜1：校园健康危机

校园里健康问题出现啦！

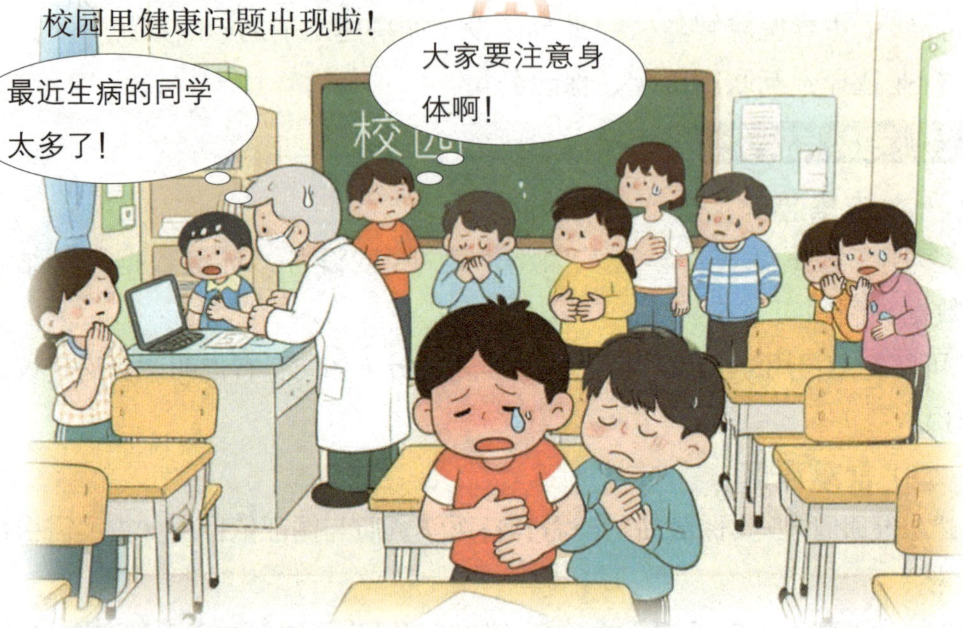

分镜2：AI健康管理师登场

AI健康管理师来帮忙！

分镜3：AI发挥大作用

看，AI开始行动啦！

分镜4：校园健康新风貌

校园里充满活力。

职业探索站——规划“AI食堂智能配餐系统”

同学们，你们在学校食堂吃饭的时候，有没有遇到过这些问题呢？有时候窗口的饭菜不是自己喜欢吃的，只能勉强吃几口；或者打了太多饭，最后吃不完浪费了。而且，每个人的营养需求不一样，有的同学正在长身体，需要更多蛋白质；有的同学想减肥，要控制热量摄入。要是食堂能根据我们每个人的情况提供合适的饭菜，那该多好！这就是我们这次要挑战的——规划一个“AI食堂智能配餐系统”，让大家在食堂吃得开心又健康。

一、设计指南

明确系统目标：思考这个系统要达到什么效果，比如满足同学们的口味偏好、提供合理的营养搭配、减少食物浪费等。

规划系统功能：根据目标确定系统的功能。可以有菜品推荐功能，根据同学们以往的点餐记录和营养需求推荐合适的菜品；智能打饭功能，自动控制饭菜的分量；反馈评价功能，方便同学们对菜品和配餐服务进行评价，让系统不断改进。

考虑实现方式：想想如何让系统实现这些功能。例如，通过收集同学们的点餐数据，利用算法分析出大家的口味偏好；在打饭窗口安装智能设备，根据设定的分量自动打饭；设置线上评价平台，收集同学们的反馈。

设计操作流程：规划同学们使用这个系统的流程，从进入食堂开始，到选餐、打饭、评价，每个环节都要简单易懂、方便快捷。

二、创意示例

（一）美味营养配餐系统

功能：同学们进入食堂后，在入口处的电子屏幕上刷校园卡，系统会根据之前收集的个人信息（如年龄、性别、身体数据、口味偏好等）推荐当天的特色菜品和营养套餐。打饭窗口的智能设备能根据推荐的分量自动打饭，避免浪费。吃完饭后，同学们可以在手机上的APP对菜品进行评价，系统会根据评价调整后续的配餐方案。

实现方式：学校建立一个数据库，收集同学们的个人信息和点餐记录。利用数据分析算法，对这些数据进行分析处理。在食堂安装智能打饭设备，与数据库相连，接收配餐信息。开发手机APP，方便同学们评价。

操作流程：同学们到食堂→入口处刷校园卡获取推荐菜品→前往推荐菜品窗口→智能设备自动打饭→就餐→通过APP评价。

（二）个性化定制配餐系统

功能：系统提供一个菜品展示区，每个菜品旁边都有电子标签，显示菜品的营养成分、口味特点等信息。同学们可以根据自己的喜好选择菜品，系统会实时计算所选菜品的营养总和，并给出营养建议。如果营养不均衡，系统会推荐一些补充营养的菜品。打饭时，智能设备同样能精准控制分量。

实现方式：在菜品展示区安装电子标签设备，与系统相连。利用营养计算算法，根据菜品的营养成分和同学们的选择进行计算。智能打饭设备根据设定的分量打饭。

操作流程：同学们进入食堂→在菜品展示区挑选菜品→查看营养建议并调整菜品选择→前往打饭窗口→智能设备打饭→就餐。

三、开启你的创意之旅

现在，轮到你发挥想象力和创造力啦！设计一个属于你的“AI食堂智能配餐系统”。在下面的表格里，写下系统的名称、功能、实现方式、操作流程，还可以简单画一幅设计草图。期待你独特的创意，让学校食堂变得更棒！

设计项目	内容
AI食堂智能配餐系统名称	
主要功能	
实现方式	
操作流程	
设计草图（简单绘制）	

第四章
人文思考：AI与社会的碰撞

同学们，AI在给我们带来美好体验的同时，也引发了许多思考！这一章，AI伦理专家好似公正严苛的“道德裁判”，时刻紧盯AI，绝不让其逾越道德红线；数字内容审核员则像明察秋毫的“超级警察”，全力阻拦AI制造的虚假信息；人机交互设计师如同贴心的“沟通桥梁搭建师”，让我们与AI交流更自然顺畅；AI教育顾问仿若智慧的“学习引航者”，探索AI如何更好助力学习。最后，还有一场精彩纷呈的辩论等你参与，快准备好，开启这场充满深度与创意的思考之旅！

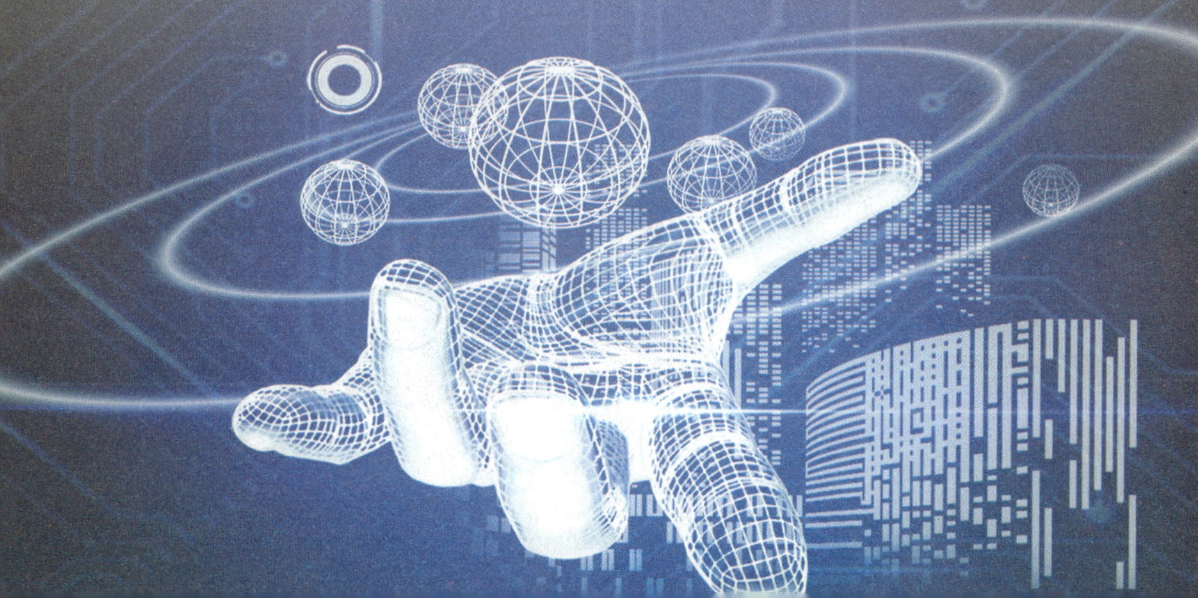

4.1 AI伦理顾问

职业介绍

一、给AI行为“定规矩”的智慧使者

同学们，在神奇又有点神秘的AI世界里，有一群特殊的“裁判”，他们就是AI伦理顾问！你知道吗，AI虽然超级聪明，但有时候也可能会“调皮捣蛋”，这时候就需要AI伦理顾问来给它们“定规矩”。

想象一下，AI就像一群充满好奇心的小朋友，对世界充满探索欲，但可能不明白什么是对，什么是错。AI伦理顾问就如同耐心的老师，告诉AI哪些行为是好的，哪些是不被允许的。比如，有些AI可能会被用来制作假新闻，误导大家。AI伦理顾问就会站出来说：“不行哦，这样会让人们分不清真假，造成混乱的！”

他们会思考AI应用可能带来的各种问题。在AI招聘系统中，要确保AI不会因为性别、年龄等因素对人不公平。AI伦理顾问就像公平的卫士，仔细检查招聘系统，让每个人都能得到平等的机会。他们通过制定一系列规则，让AI在正确的轨道上发展，成为真正对人类有益的好帮手。

二、守护AI与人类和谐相处的忠诚卫士

AI伦理顾问可不只是给AI定规矩，他们还是守护AI与人类和谐相处的忠诚卫士呢！

随着AI越来越多地融入我们的生活，比如智能语音助手、自动驾驶汽车等，AI伦理顾问要确保这些AI不会伤害到人类。对于自动驾驶汽车，他们要思考如果遇到危险情况，汽车应该怎么选择，才能最大程度地保护乘客和行人的安全。他们就像为汽车制定“生命守护计划”的策划师。

在AI医疗领域，AI伦理顾问要保证AI不会泄露患者的隐私信息。患者的健康数据至关重要，不可被他人随意查看。AI伦理顾问就像守护隐私的“秘密守护者”，制定严格的规定，让AI在帮助医生诊断疾病的同时，保护好患者的隐私。

而且，AI伦理顾问还会关注AI对社会的影响。如果某个AI应用可能会导致很多人失业，他们就会和大家一起想办法，让AI的发展更合理，让人们能更好地适应AI带来的变化。他们时刻努力，让AI和人类能友好相伴，共同创造美好的未来。

职业档案

一、核心职责

AI伦理顾问是“AI世界的道德指南针”，通过制定伦理框架与风险评估，确保技术发展符合人类价值观。核心职责包括：

（1）伦理框架设计：为AI产品制定公平性、透明度原则（如设计无偏见的招聘算法），参与企业伦理政策制定。

（2）风险评估与审计：检测AI系统潜在偏见，审查数据采集合规性（如医疗AI是否侵犯患者隐私）。

（3）伦理教育与沟通：向技术团队普及伦理准则，协助企业应对伦理争议。

（4）跨领域协作：与法律、社会学专家合作，推动伦理标准行业落地。

二、技能树

能力维度	具体要求	初中关联
伦理理论	掌握功利主义、义务论等哲学思想（如分析“电车难题①”伦理选择）	道德与法治课：公平正义讨论（如校园规则制定原则）
数据分析	识别算法偏见（如用混淆矩阵检测性别分类错误率）	数学课：统计概率（如计算不同群体的模型准确率差异）
法律知识	了解GDPR、AI伦理指南（如设计数据匿名化方案）	道德与法治课：个人信息保护（如模拟校园APP隐私政策制定）
沟通能力	将技术术语转化为伦理语言（如向董事会解释模型黑箱风险）	语文课：议论文写作（如论证AI教育的公平性）

三、学历与职业路径

（一）学历建议

1. 本科：哲学、法学、计算机科学。

2. 硕士/博士：AI伦理、科技哲学。

① 电车难题：一个经典的伦理学思想实验，内容是假设一辆失控的电车即将撞上前方轨道上的多人，而你可以通过扳动道岔让电车驶向另一条轨道，撞上另一个人，以此来探讨面对这种两难困境时人们在道德选择上的纠结与思考。

（二）职业发展

1. 初级：协助伦理审计（如标注训练数据中的敏感内容）。
2. 中级：主导伦理风险评估（如审查金融风控模型的公平性）。
3. 高级：制定国家/国际伦理标准（如参与联合国AI伦理白皮书撰写）。
4. 行业选择：科技公司、政府机构、非营利组织。

四、行业趋势与误区

（一）未来趋势

1. 伦理嵌入技术①：通过联邦学习保护隐私。
2. 动态伦理框架：AI系统自主学习伦理规则。

（二）常见误区

1. “伦理=事后补救”→需从算法设计阶段介入。
2. “伦理是哲学家的事”→需技术人员掌握基本伦理分析工具。

初中生行动指南

1. 技能培养

参与“AI伦理辩论社”，讨论“AI是否该拥有情感”等议题。

学习Python基础，用Pandas②分析班级投票数据是否存在偏见。

2. 实践拓展

设计“校园AI助手隐私政策”，模拟用户数据收集与使用流程。

参加“伦理黑客马拉松③”，用工具检测开源AI模型的公平性。

---

① 伦理嵌入技术：是指将伦理原则、道德规范等融入技术的设计、开发、应用等过程，使技术系统在运行过程中能够自动遵循和体现相关伦理要求，以减少技术可能带来的伦理风险和负面影响。

② Pandas：是一个基于Python的开源数据分析与处理库，提供了诸如Series和DataFrame等高效的数据结构，可用于数据清洗、分析、操作和可视化等工作。

③ 伦理黑客马拉松：是一种以伦理道德为导向，聚集技术人员等相关人士，在特定时间内针对与伦理相关的问题或挑战，通过编程、创新等方式来开发软件、硬件或提出解决方案的活动。

职业情景漫画

分镜1：面试的烦恼

招聘遇到年龄歧视问题。

分镜2：寻求帮助

快找AI伦理顾问想想办法！

分镜3：找到问题所在

原来是AI算法出问题啦！

分镜4：成功解决问题

问题解决，大家都有机会啦！

4.2 数字内容审核员

职业介绍

一、守护网络“纯净花园”的勤劳园丁

同学们，在我们每天畅游的网络世界里，有一群像勤劳园丁一样的人，他们就是数字内容审核员。你知道吗，网络就像一个超级大花园，里面有各种各样美丽的花朵（美好的信息），但也可能会长出一些带刺的毒草（不良信息）。数字内容审核员的任务，就是精心呵护这个花园，把那些“毒草”都清理掉，让我们能安心享受花园的美好。

想象一下，数字内容审核员就像超级侦探。每天，网络上会产生海量的信息，有大家发的朋友圈、微博，有网站上的新闻、视频，还有各种广告。审核员们要像火眼金睛的侦探，仔细查看这些内容。比如，有些坏人可能会利用网络发布虚假广告，骗大家的钱。数字内容审核员一旦发现，就会立刻把这些虚假广告“揪”出来，让它们无法迷惑大家。

他们还要留意那些不适合我们小朋友看的内容，像暴力、恐怖的画面，或者一些不文明的语言。就像在花园里，我们不想看到那些脏兮兮、乱糟糟的东西。审核员们会把这些不良内容统统清理掉，给我们打造一个健康、绿色的网络环境，让我们能放心地在网络世界里学习、玩耍。

二、维护网络“文明秩序”的正义使者

数字内容审核员可不只是简单地清理不良信息，他们还是维护网络“文明秩序”的正义使者呢！

随着网络社交越来越发达，大家都喜欢在网上和朋友聊天、分享生活。但有时候，会有人在网上说一些不礼貌、伤害别人的话，这就是网络暴力。数字内容审核员就像网络世界的警察，一旦发现这种情况，就会及时制止。他们会对发布不当言论的人进行警告，让大家知道在网络上也要文明交流。

而且，现在很多视频平台非常受欢迎，大家会上传各种各样的视频。但有些视频可能会有危险动作，或者传播错误的价值观。数字内容审核员会认真审查每一个视频，确保它们不会给大家带来不好的影响。如果发现有问题的视频，就会要求上传者修改或者直接下架。

他们还会关注网络上的谣言。有时候，一些没有根据的消息会像病毒一样快速传播，引起大家的恐慌。数字内容审核员会努力找到这些谣言的源头，把它们粉碎，让真相大白。他们就像守护网络文明的卫士，让网络世界充满正能量，成为我们真正的知识宝库和欢乐家园。

职业档案

一、核心职责

数字内容审核员是“网络空间的文明守护者”，通过技术与人文双重视角，确保数字内容符合法律法规与公序良俗。核心职责包括：

（1）违规内容识别：运用AI工具筛查不健康内容，人工复核复杂案例。

（2）审核规则制定：设计内容分级标准，更新敏感词库，适配不同平台调性。

（3）用户反馈处理：分析举报数据，优化审核流程。

（4）跨部门协作：与技术团队共建AI审核系统，配合法务部门应对内容侵权诉讼。

二、技能树

能力维度	具体要求	初中关联
内容分析	理解语义、图像隐含信息（如识别表情包中的讽刺意味）	语文课：阅读理解（分析文本深层含义）
技术工具	熟练使用审核平台、AI辅助工具	信息技术课：软件操作（如用Excel筛选重复内容）
法律意识	掌握《网络安全法》《未成年人保护法》	道德与法治课：网络行为规范（如制定班级微信群公约）
审美素养	判断内容艺术性与低俗性界限	美术课：艺术鉴赏（分析不同绘画风格的表达意图）

三、学历与职业路径

（一）学历建议

1. 本科：信息管理、法学、传播学。
2. 硕士：数字伦理、人工智能法学。

（二）职业发展

1. 初级：执行基础内容审核（如过滤垃圾广告）。

2. 中级：制定垂直领域审核策略①（如设计金融类内容合规指南）。

3. 高级：管理审核团队（如领导平台内容安全部门）。

4. 行业选择：社交媒体、电商、政府网信办。

四、行业趋势与误区

（一）未来趋势

1. AI+人工协同审核：用大模型生成审核建议（如自动标注“钓鱼链接②”），人工复核关键案例。

2. 多模态内容审核：同时处理文本、图像、视频（如检测AI生成的伪造新闻视频）。

（二）常见误区

1. “审核就是删除敏感词”→需结合上下文判断（如医学讨论中的“癌症”非违规词）。

2. “技术能解决所有问题”→需保留人工干预通道（如用户申诉优先人工处理）。

初中生行动指南

1. 技能培养

担任校园论坛版主，制定发帖规则并审核内容。

学习Python基础，用正则表达式过滤文本中的脏话。

2. 实践拓展

设计“青少年网络文明”主题海报，宣传健康上网理念。

参加网信办“清朗行动”志愿者，协助举报不良信息。

---

① 垂直领域审核策略：是针对特定行业或领域，依据其专业特点、法规要求、道德规范等制定的，用于对该领域内相关内容、行为或事物进行审查、评估和判定的一系列规则和方法。

② 钓鱼链接：是一种伪装成合法网站或页面的恶意链接，旨在通过欺骗用户输入敏感信息，如账号、密码、银行卡号等，来窃取用户数据或实施诈骗等不法行为。

职业情景漫画

分镜1：奇怪的新闻画面

发现一条可疑的新闻视频！

分镜2：仔细排查

开启仔细排查模式！

分镜3：锁定证据

找到伪造证据啦！

干得漂亮！

证据确凿，就是伪造的！

分镜4：成功拦截

伪造视频被成功拦截！

4.3 人机交互设计师

职业介绍

一、搭建人机“沟通桥梁”的创意大师

同学们，在神奇的AI世界里，有一群像魔法桥梁建造师一样的人，他们就是人机交互设计师！你知道吗，我们每天使用的手机、电脑，还有那些智能音箱、智能手表，它们能和我们顺畅“交流”，背后可离不开人机交互设计师的奇思妙想。

想象一下，人机交互设计师就像创造神奇桥梁的工匠，这座桥连接着人类和机器。以前，机器就像沉默寡言的巨人，很难和我们沟通。但人机交互设计师出现后，一切都不一样了！他们精心设计机器的“交流方式”，让我们能轻松告诉机器自己的想法，机器也能准确理解并回应我们。

比如，当我们拿起手机，看到简洁明了的图标，轻轻一点就能打开各种应用。这都是人机交互设计师的功劳！他们设计这些图标时，就像在给我们画简单易懂的“小地图”，告诉我们每个功能在哪里。

再比如智能音箱，我们对着它喊一声“播放音乐”，它马上就开始播放。这是因为人机交互设计师让音箱能“听懂”我们的话，还能做出正确反应，就像给音箱装上了聪明的“耳朵”和“大脑”。

二、让人机互动超有趣的“欢乐制造机”

人机交互设计师可不只是让机器能和我们交流，他们还是让人机互动变得超级有趣的“欢乐制造机”！

你看那些好玩的手机游戏，里面的角色能随着我们的操作做出各种精彩动作。这是人机交互设计师精心设计的交互方式，让我们在游戏中仿佛真的和角色一起冒险。他们设计游戏的操作方式，就像设计一场刺激的冒险旅程，让我们玩得爱不释手。

还有一些智能设备，会根据我们的使用习惯做出贴心的变化。比如智能台灯，它能感知我们房间的光线，自动调节亮度。这也是人机交互设计师的杰作，他们让台灯像我们的贴心小助手，时刻照顾着我们的需求。

而且，人机交互设计师还在不断探索新的交互方式。也许未来，我们只要想一想，机器就能明白我们的意思。他们就像充满幻想的发明家，不断为我们创造更有趣、更便捷的人机交互体验，让我们的生活因为机器变得更加丰富多彩。

职业档案

一、核心职责

人机交互设计师是“人与AI对话的桥梁建造师”，通过研究人类行为与技术逻辑，创造直观、高效的交互体验。核心职责包括：

（1）用户研究与需求分析：通过访谈、可用性测试等方法，挖掘用户深层需求。

（2）交互流程设计：绘制用户旅程图，优化界面逻辑。

（3）原型制作与迭代：使用Figma①、Axure②等工具制作交互原型，根据用户反馈调整方案。

（4）跨领域协作：与工程师、产品经理合作，确保设计方案技术可行性。

二、技能树

能力维度	具体要求	初中关联
设计能力	掌握界面设计原则（如对比度、留白运用）	数学课：函数图像、统计初步（如用Excel分析班级身高分布）
技术工具	熟练使用Figma、Sketch（初中可从Canva③入门）	信息技术课：软件操作（如用PPT制作动态演示文稿）
心理学基础	理解认知心理学原理（如短时记忆容量限制）	生物课：大脑功能学习（如记忆形成机制）
同理心培养	通过角色扮演理解特殊群体需求（如模拟视障者操作手机）	道德与法治课：换位思考（如设计无障碍校园设施）

① Figma：是一款基于云的协作式界面设计工具，主要用于UI/UX设计、原型制作和团队协作，可通过浏览器使用，支持实时协作、设计系统管理和原型制作等功能。

② Axure：是一款专业的原型设计工具，广泛应用于产品经理、交互设计师等人群，能快速创建高保真原型，支持丰富的交互效果和动态面板等功能，助力团队高效沟通和产品迭代。

③ Canva：是一款多平台在线平面设计软件，提供大量模板和素材，具备AI创作套件与在线协作功能，面向全球个人及企业用户，助力快速创建专业设计作品。

三、学历与职业路径

（一）学历建议

1. 本科：工业设计、数字媒体艺术。

2. 硕士/博士：人机交互、认知科学。

（二）职业发展

1. 初级：参与界面美化与原型制作（如优化APP按钮布局）。

2. 中级：主导中型项目交互设计。

3. 高级：制定企业级交互标准。

4. 行业选择：智能硬件、互联网、医疗设备。

四、行业趋势与误区

（一）未来趋势

1. 多模态交互：融合语音、手势、眼动等输入方式（如通过眨眼控制智能家居）。

2. 情感计算：通过表情识别实现更人性化交互（如AI根据用户情绪调整回应方式）。

（二）常见误区

1. “交互设计=画图标”→需关注用户行为逻辑。

2. “追求炫酷动画”→过度设计可能干扰核心任务。

初中生行动指南

1. 技能培养

用Canva设计“校园节水宣传”交互海报，学习按钮与信息层级布局。

参加“同理心工作坊”，蒙上眼睛完成手机操作任务，记录体验并改进设计。

2. 实践拓展

报名“青少年交互设计大赛”，设计“防沉迷学习闹钟”交互方案。

分析常用APP的交互细节（如微信的“撤回”功能设计），撰写改进建议。

职业情景漫画

分镜1：发现需求

察觉到听障者交流存在难题！

分镜2：灵感闪现

设计AI手语翻译器的想法诞生！

分镜3：艰难测试

测试过程遭遇重重困难！

分镜4：成功啦

经过努力，翻译器成功运行！

4.4 AI教育顾问

职业介绍

一、为学习“量身定制”神奇计划的魔法师

同学们，在充满挑战与惊喜的学习旅程中，有一位超厉害的“智能伙伴”正悄然登场，他就是AI教育顾问！你能想象吗，这个神奇的“顾问”就像拥有魔法的精灵，能为我们每个人的学习“量身定制”超棒的计划。

以前，我们的学习计划可能像千篇一律的“通用地图”，不太符合每个人的独特需求。但AI教育顾问来了后，一切都不同了！他会像一位细心的侦探，收集我们的学习信息。比如，通过分析我们平时的作业成绩、课堂表现，甚至是考试后的错题情况，来了解我们的学习状况。

假如发现你在数学的应用题部分总是出错，AI教育顾问就会像一位贴心的老师，专门为你制定一个针对应用题的学习提升计划。他可能会推荐一系列有趣的数学故事书，帮助你理解应用题中的逻辑；还会找到一些在线的数学小视频，用生动的动画讲解解题思路。他就像在为你打造一条专属的学习“秘密通道”，让你能更轻松地攻克学习难题，不断进步。

二、助力教育“大变身”的超级英雄

AI教育顾问可不只是为我们个人制定学习计划，他还是助力整个教育“大变身”的超级英雄呢！

在学校里，老师们有时候要面对很多学生，很难关注到每一个人的细微变化。这时，AI教育顾问就像老师们的得力助手。他能快速分析整个班级的学习情况，比如发现最近同学们在英语听力部分的成绩普遍不太理想。他就会给老师们提供一些有趣的教学建议，像推荐一些适合练习听力的英文歌曲、有趣的英语动画短片，让课堂变得更加生动有趣，帮助同学们提高听力水平。

而且，AI教育顾问还能为学校挑选最合适的教学资源。现在市场上有各种各样的学习软件、教材，学校很难抉择。AI教育顾问会根据学校的教学目标、学生的特点，对这些资源进行评估，选出最优质、最适合的，就像为学校找到一把打开知识宝库的“金钥匙”。

不仅如此，AI教育顾问还在不断探索新的教育方式。也许未来，他能创造出虚拟现实的学习场景，让我们仿佛穿越到历史故事中，亲身体验那些精彩的情节；或者设计出互动式的学习游戏，让我们在玩游戏的过程中轻松学到知识。他正用自己的智慧，让教育变得更加丰富多彩，为我们带来前所未有的学习体验。

职业档案

一、核心职责

AI教育顾问是“教育与科技的桥梁工程师”，通过AI技术实现个性化学习与教学效率革命。核心职责包括：

（1）学习数据分析与诊断：运用AI工具分析学生作业、考试数据，生成可视化学习报告。

（2）个性化方案设计：基于认知科学与机器学习，定制分层学习路径。

（3）AI教学工具开发：参与智能题库、虚拟实验等工具开发，优化交互体验。

（4）教师支持与培训：将AI分析结果转化为教学策略，培训教师使用智能教学平台。

二、技能树

能力维度	具体要求	初中关联
教育技术	熟悉学习分析工具，掌握自适应学习算法	信息技术课：数据库查询（如用Access管理学生成绩）
心理学基础	理解认知发展阶段理论	生物课：大脑神经科学（如记忆形成机制）
数据分析	熟练使用SPSS/Python分析教育数据（如计算知识点掌握率）	数学课：统计与概率（如用Excel制作成绩分布直方图）
沟通能力	将技术语言转化为教学语言	语文课：说明文写作（编写AI教学工具使用手册）

三、学历与职业路径

（一）学历建议

1. 本科：教育技术、心理学、人工智能。

2. 硕士/博士：智能教育、教育数据挖掘。

（二）职业发展

1. 初级：协助数据标注与基础分析（如整理学生行为日志）。

2. 中级：设计学科智能辅导系统（如开发英语语法智能诊断工具）。

3. 高级：主导区域教育云平台建设（如设计县域教育质量监测AI系统）。

4. 行业选择：教育科技公司、学校。

四、行业趋势与误区

（一）未来趋势

1. 元宇宙[①]教学场景：用VR+AI打造沉浸式学习环境（如虚拟化学实验室）。

2. 情感计算应用：通过面部表情识别调整教学节奏（如自动检测学生注意力分散）。

（二）常见误区

1. “AI完全替代教师”→核心功能是辅助个性化教学。

2. “数据越多越好”→需关注数据解读与教学实践结合。

初中生行动指南

1. 技能培养

用Excel分析班级数学单元测试数据，找出高频错题知识点。

学习Python基础，尝试用Keras[②]构建简单分类模型（如预测同学的兴趣社团选择）。

2. 实践拓展

参加“AI+教育”创新项目，设计“文言文智能背诵助手”方案。

调研学校智能教学设备使用情况，撰写《AI课堂体验报告》。

---

① 元宇宙：是一个基于虚拟现实、增强现实、区块链、人工智能等技术构建的，具有沉浸感、交互性、永续性的虚拟数字世界，人们可以在其中进行社交、娱乐、工作、学习等多种活动。

② Keras：是一个用Python编写的高级神经网络API，它简单易用、模块化且可扩展性强，能让用户轻松快速地搭建和训练深度学习模型，不用操心底层复杂的技术细节。

职业情景漫画

分镜1：课堂难题

班级里学生成绩分化，老师发愁！

分镜2：寻求帮助

老师向AI教育顾问求助！

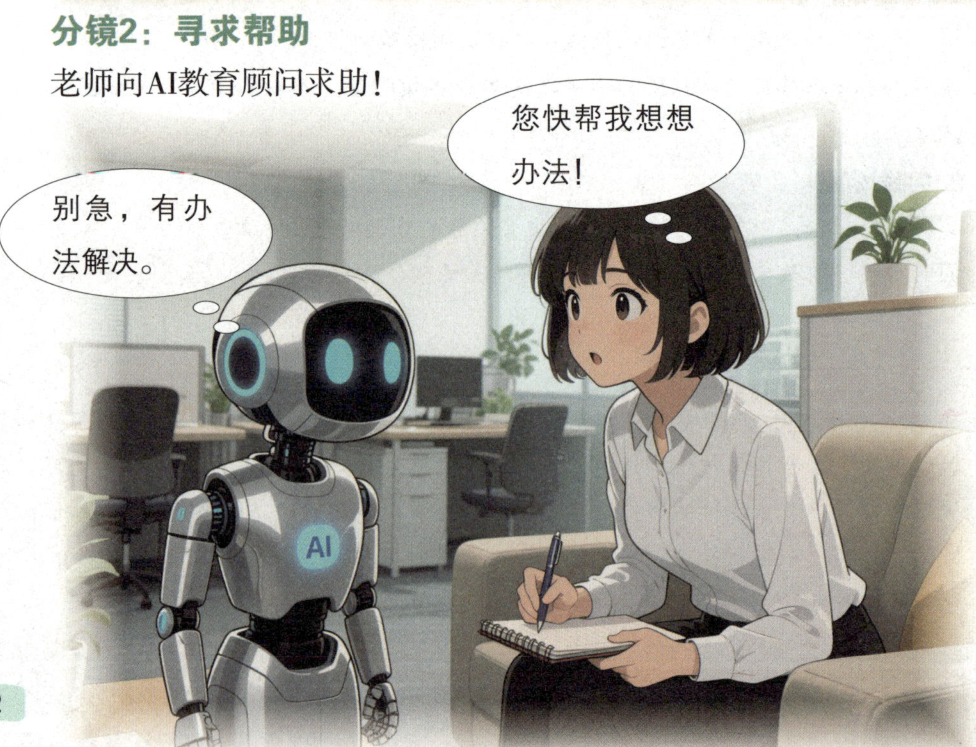

分镜3：AI来帮忙

AI系统分析学生薄弱点！

分镜4：定制计划

生成定制学习计划啦！

学生们会进步的！

这下有救了！

职业探索站——辩论：AI教师能否替代人类教师？

随着科技的飞速发展，AI在教育领域的应用越来越广泛。从智能辅导软件到虚拟学习助手，AI似乎正一步步走进我们的课堂。这不禁让人思考：未来的某一天，AI教师是否会完全替代人类教师呢？这个话题充满争议，引发了无数讨论。一方面，AI教师拥有强大的知识储备和不知疲倦的工作能力；另一方面，人类教师的情感关怀和因材施教的灵活性也是无可替代的。现在，就让我们一起深入探讨这个有趣又重要的问题。

一、设计指南

（一）明确论点

确定自己支持的观点，即AI教师能替代人类教师，或者不能替代。论点要简洁明了，比如“AI教师凭借其强大的知识储备和个性化教学能力，能够完全替代人类教师”，或者“人类教师的情感陪伴和创造性引导，是AI教师永远无法企及的，所以AI教师不能替代人类教师”。

（二）收集论据

1. 支持AI教师替代人类教师

知识储备：AI教师能瞬间检索海量知识，随时为学生解答各种难题，人类教师很难做到如此全面。例如，在历史课上，AI教师能迅速提供不同时期的详细资料。

个性化教学：通过分析学生学习数据，AI教师能为每个学生定制专属学习计划，精准辅导薄弱环节。就像智能学习软件能根据学生答题情况推送针对性练习。

2. 反对AI教师替代人类教师

情感关怀：人类教师能敏锐察觉学生情绪变化，给予鼓励和安慰，这对学生心理健康至关重要。当学生考试失利，人类教师的一个鼓励的眼神就能让学生重拾信心。

因材施教的灵活性：面对课堂上的突发情况或学生独特的问题，人类教师能灵活调整教学方法，随机应变。比如学生对某个知识点提出新奇的疑问，人类教师能即兴拓展讲解。

（三）组织辩论流程

开篇立论：双方一辩分别陈述己方观点及主要论据，时间各3分钟。

攻辩环节：双方二辩、三辩相互提问和回答，时间各2分钟。

自由辩论：双方交替发言，各5分钟，充分阐述观点，反驳对方。

总结陈词：双方四辩总结陈词，时间各3分钟，升华观点。

二、创意示例

（一）正方：AI教师能替代人类教师

开篇立论：尊敬的评委、亲爱的对方辩友，我方认为AI教师能够替代人类教师。AI教师拥有无限的知识容量，能24小时随时为学生服务。例如，学生半夜遇到难题，AI教师也能立即解答，人类教师却无法做到。而且，AI教师能通过数据分析实现真正的个性化教学，提高学习效率。

攻辩环节：正方二辩提问："对方辩友，请问人类教师如何能在短时间内为每个学生提供不同难度、不同类型的练习题，像AI教师那样精准针对学生薄弱点呢？"正方三辩回答对方提问时强调AI教师不会疲惫，能持续保持高效教学状态。

自由辩论：正方不断列举AI教师在知识更新速度、教学成本等方面的优势，如"AI教师能实时更新知识，人类教师却需要花费大量时间参加培训才能跟上知识变化"。

总结陈词：综上所述，AI教师在知识储备、个性化教学、教学效率等多方面远超人类教师，完全能够替代人类教师，为教育带来新的变革。

（二）反方：AI教师不能替代人类教师

开篇立论：我方坚定认为AI教师不能替代人类教师。教育不仅仅是知识传授，更是情感传递和人格塑造。人类教师的言传身教，对学生的价值观形成有着深远影响。比如，在品德课上，教师自身的道德行为示范是AI教师无法模拟的。

攻辩环节： 反方二辩提问："当学生因为家庭问题情绪低落，无心学习时，AI教师如何给予像人类教师那样温暖的关怀和引导呢？"反方三辩反驳对方观点时指出AI教师缺乏情感理解能力，无法与学生建立真正的师生情谊。

自由辩论： 反方强调人类教师的灵活性和创造性，"课堂上学生突发奇想提出一个跨学科问题，人类教师能巧妙引导学生思考，AI教师却可能因预设不足而无法应对"。

总结陈词： 人类教师在情感关怀、因材施教灵活性等方面的独特价值，是AI教师永远无法替代的，所以AI教师不能替代人类教师。

三、开启你的创意之旅

现在，轮到你参与这场有趣的辩论啦！选择你支持的观点，按照设计指南，收集独特的论据，组织精彩的辩论词。可以在下方表格里写下你的辩论思路，也可以简单画一幅辩论场景草图，展现你的创意。说不定你能发现全新的观点，为这场辩论带来意想不到的惊喜！

辩论项目	内容
观点（AI教师能/不能替代人类教师）	
开篇立论要点	
攻辩环节提问与回答思路	
自由辩论主要论据	
总结陈词核心观点	
辩论场景草图（简单绘制）	

第五章
AI+创新：赋能关键领域

同学们，AI宛如一位拥有神奇魔力的跨界大师，掀起一场场创新风暴！在医疗领域，医学影像分析师借助AI，成为“影像解码侠”，迅速看透复杂影像，助力医生精准揪出病魔；艺术领域中，虚拟策展人利用AI的奇思妙想，如同“创意领航员”，打造出令人拍案叫绝的艺术展览；农业方面，智慧农场工程师依靠AI，化身为“农田智多星”，让农作物茁壮成长，迎来大丰收；环保领域里，生态数据分析师借助AI，变身“环境侦探”，守护我们的绿色家园。想知道他们具体怎么做的吗？快开启这场AI创新探秘之旅！

5.1 AI+医疗：医学影像分析师

职业介绍

一、发现身体“秘密信号”的神奇侦探

同学们，在神秘的医疗世界里，有一群像超级侦探一样厉害的人，他们就是医学影像分析师！你知道吗，我们的身体就像一座神秘的城堡，里面藏着很多秘密。而医学影像分析师，就是专门破解这些秘密的高手。

想象一下，他们就像拿着神奇放大镜的侦探，通过各种酷炫的机器，给我们的身体拍出一张张特别的“照片”，这些“照片”就是医学影像。比如X光片，能让我们看到骨头的样子；CT扫描，就像把身体切成一片片，展示出更详细的内部结构；还有MRI，能让我们看到软组织的情况，就像给身体来了个“透视”。

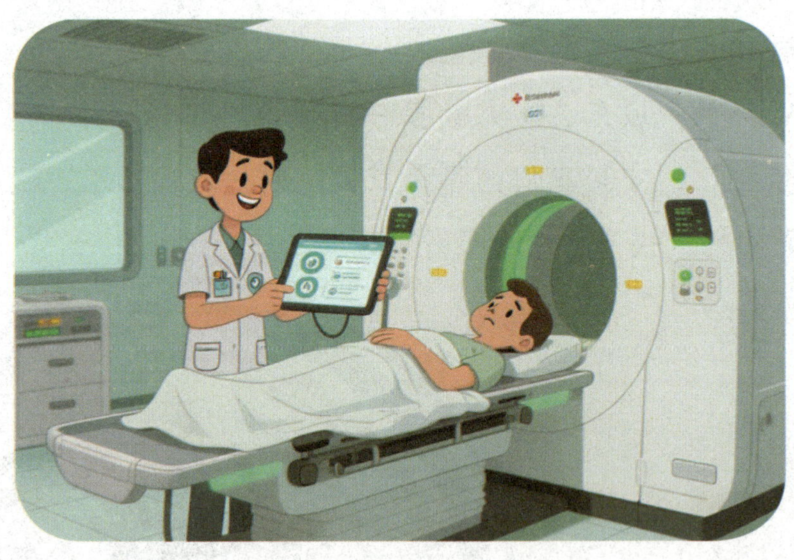

医学影像分析师拿到这些“照片”后，就开始仔细观察。他们要从这些复杂的图像里，找到那些可能是疾病的“蛛丝马迹”。如果发现有个地方的形状、颜色不太对，就像侦探发现了奇怪的线索，他们会认真研究，判断这是不是身体发出的“危险信号”。比如，在X光片里看到肺部有个小白点，他们就会思考这是正常的，还是可能意味着有疾病。他们就像在破解身体的“密码”，帮助医生了解我们身体的真实情况，为治疗疾病提供重要线索。

二、助力健康的“幕后英雄”

医学影像分析师可不只是在影像里找线索，他们还是助力我们健康的“幕后英雄”呢！

在医院里，医生们每天要面对很多患者，有时候很难一下子从复杂的症状中判断出病因。这时候，医学影像分析师的工作就非常重要了！他们通过对医学影像的准确分析，为医生提供关键信息，帮助医生更快、更准确地诊断疾病。就像给医生一把打开疾病谜团的“钥匙”。

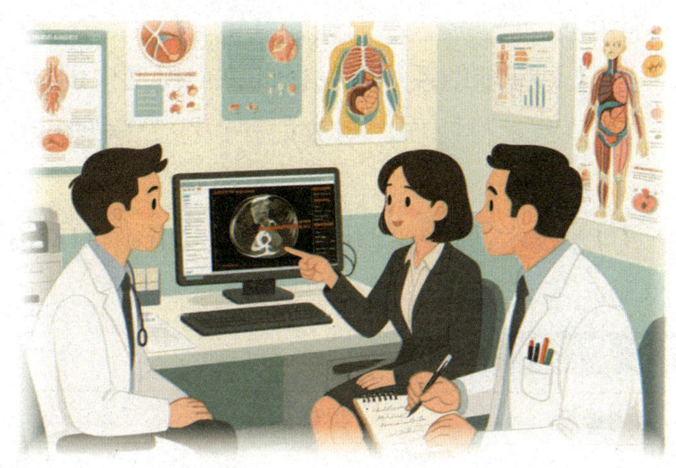

比如，当患者怀疑得了癌症，医学影像分析师可以通过查看CT或MRI影像，帮助医生确定肿瘤的位置、大小和形状。这些信息对于医生制定治疗方案非常关键，是选择手术、化疗还是放疗，都要根据这些影像分析结果来决定。

而且，医学影像分析师还能帮助医生监测患者的治疗效果。在患者接受治疗后，再次拍摄医学影像，分析师对比治疗前后的影像，看看疾病有没有好转。如果发现问题，及时告诉医生，让医生调整治疗方案。他们就像守护我们健康的卫士，虽然在幕后默默工作，但对我们的健康起着至关重要的作用。

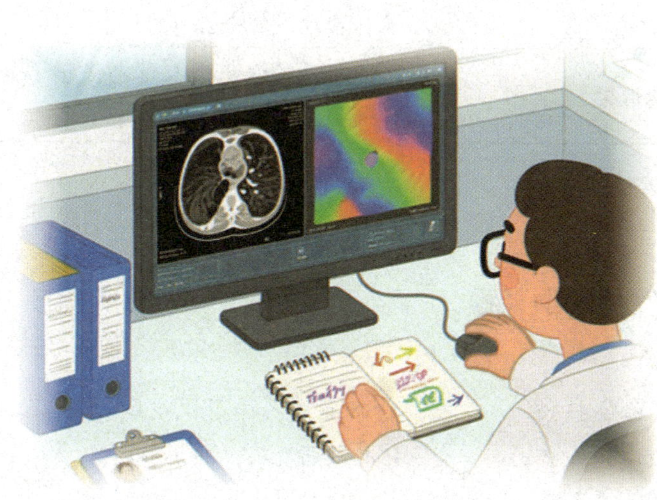

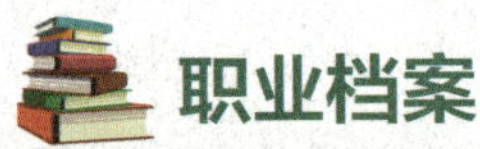

职业档案

一、核心职责

医学影像分析师是“AI+医疗”领域的“影像解码师”，通过AI技术突破传统医学影像局限，助力精准诊断。核心职责包括：

（1）影像数据处理与分析：运用深度学习模型分割CT/MRI图像[①]，量化病灶特征。

（2）诊断辅助系统开发：训练AI模型识别早期病变，生成结构化报告。

（3）跨学科协作：与放射科医生、病理科专家合作，推动AI工具临床落地。

（4）技术迭代与优化：跟踪医学影像AI前沿，优化模型在低剂量CT中的表现。

二、技能树

能力维度	具体要求	初中关联
医学基础	掌握解剖学、影像学知识	生物课：人体器官结构（心脏结构与超声影像关联性）
编程能力	熟练使用Python/PyTorch，掌握医学影像库	信息技术课：循环语句与函数（如用Scratch实现图像滤镜效果）
图像处理	理解卷积神经网络原理（如解释CT图像重建算法）	物理课：波与成像（如X射线穿透性与密度成像关系）
伦理意识	遵守医疗数据隐私法规	道德与法治课：个人信息保护（如设计健康数据匿名化方案）

三、学历与职业路径

（一）学历建议

1. 本科：医学影像学、生物医学工程。

① CT/MRI图像：是通过计算机断层扫描（CT）或磁共振成像（MRI）技术对人体内部进行扫描后，利用计算机处理得到的能够清晰显示人体不同组织、器官的形态、结构及病变情况的断层图像。

2. 硕士/博士：医学人工智能、医学影像组学。

（二）职业发展

1. 初级：参与影像标注与模型训练。
2. 中级：主导单病种AI系统开发。
3. 高级：负责医院级影像AI平台建设。
4. 行业选择：三甲医院、医疗科技公司、科研机构。

四、行业趋势与误区

（一）未来趋势

1. 多模态融合诊断：整合病理切片、基因检测与影像数据。
2. 边缘计算部署：在基层医院实现实时影像分析。

（二）常见误区

1. “AI能完全替代医生”→需结合临床经验。
2. “过度依赖算法黑箱”→需开发可解释AI。

初中生行动指南

1. 技能培养

用Excel记录家庭成员体检数据，分析血压/血脂与年龄的相关性。

学习Python基础，用OpenCV库[①]实现简单图像增强（如提高胸片对比度）。

2. 实践拓展

参加“医学影像AI”工作坊，体验标注乳腺钼靶图像钙化点[②]。

调研本地医院放射科工作流程，撰写《AI在医学影像中的应用》报告。

---

① OpenCV库：是一个开源计算机视觉和机器学习软件库，提供众多图像处理和计算机视觉算法，可助力开发者高效完成图像与视频分析、目标检测、识别等任务。

② 钼靶图像钙化点：是在乳腺钼靶X线检查图像上呈现出的白色小亮点，是乳腺组织中的钙盐沉积形成的，可能与乳腺疾病如乳腺癌等有关，其形态、分布等特征对疾病诊断有重要参考价值。

职业情景漫画

分镜1：患者忧心

患者带着担忧，来做胃癌筛查。

分镜2：AI上阵

AI技术助力，开始筛查啦！

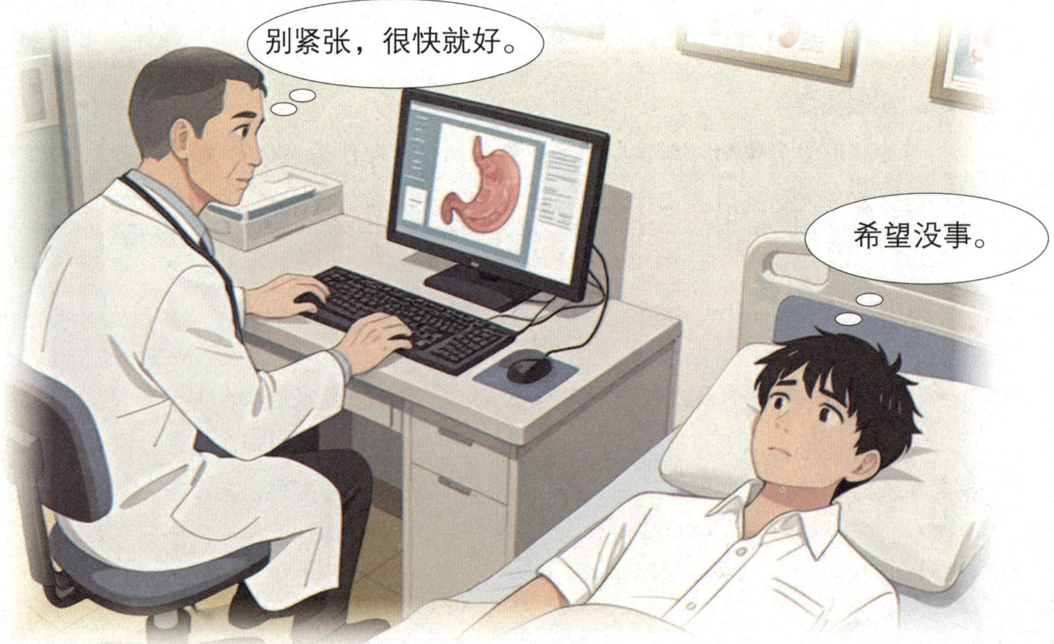

分镜3：发现异常

AI筛查出可疑病变区域！

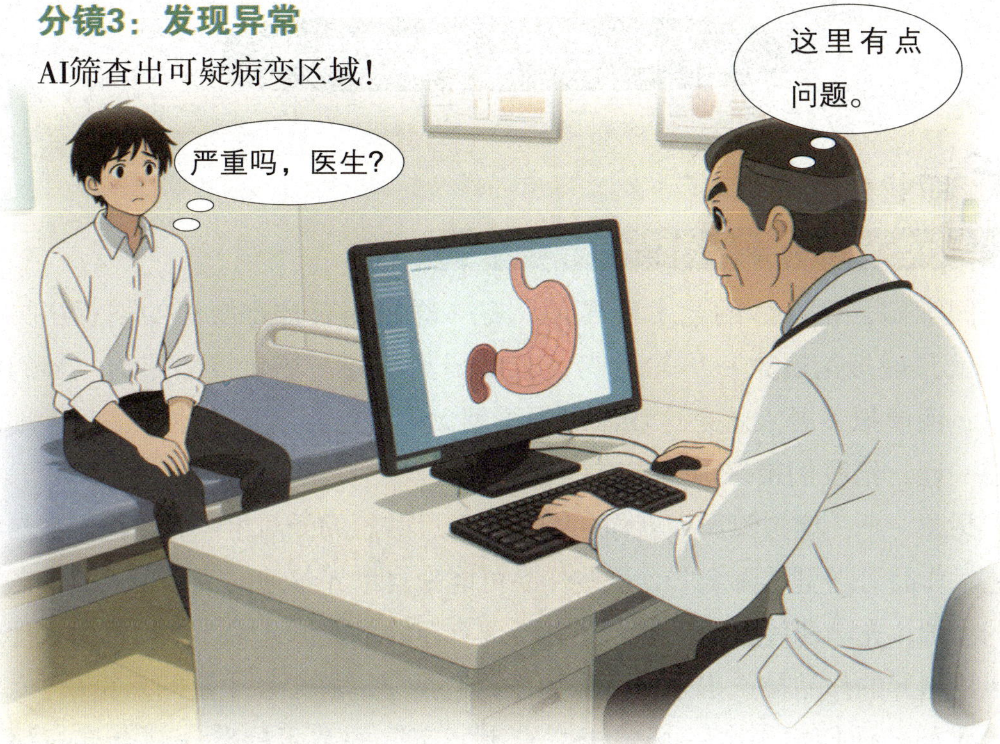

分镜4：确诊与希望

进一步检查，确诊早期胃癌！

5.2 AI+艺术：虚拟策展人

职业介绍

一、打造艺术“梦幻派对”的创意精灵

同学们，在奇妙的艺术世界里，有一群像拥有神奇魔法的创意精灵，他们就是虚拟策展人！你知道吗，艺术展览就像一场超级酷炫的“梦幻派对”，而虚拟策展人就是这场派对的策划大师，能把各种艺术作品巧妙地组合在一起，给我们带来前所未有的视觉盛宴。

想象一下，虚拟策展人就像一个充满奇思妙想的派对组织者。他们在浩瀚的艺术作品海洋里“淘宝”，这些作品可能来自世界各地的艺术家，有古老神秘的油画、充满现代感的雕塑，还有新奇有趣的多媒体艺术。虚拟策展人把这些风格迥异的作品挑选出来，就像为派对邀请了一群个性十足的嘉宾。

比如，他们想举办一场关于“未来城市”的艺术展览，就会寻找那些描绘未来城市模样的画作、展现未来城市生活的影像作品。然后，像布置派对场地一样，精心安排这些作品的展示位置。让一幅色彩斑斓的未来城市绘画旁边，摆放一个能发出奇妙光影的未来城市模型，这样的组合会让观众仿佛真的走进了未来城市。他们通过独特的创意，让不同的艺术作品相互呼应，共同讲述一个有趣的故事，让我们在欣赏展览时，如同经历一场精彩的冒险。

二、打破艺术“围墙”的神奇使者

虚拟策展人可不只是打造精彩的艺术展览，他们还是打破艺术“围墙”的神奇使者呢！

以前，艺术展览常常局限在特定的美术馆或画廊里，很多人因为距离远、时间不合适等原因，无法去欣赏。但虚拟策展人借助现代科技，让艺术展览变得无处不在。他们通过网络，把展览搬到线上，让我们在家里就能轻松参观。这就像有了一把神奇的钥匙，打开了艺术世界的大门，让每个人都能走进这个奇妙的世界。

比如，你可以在自己的电脑或平板上，通过虚拟展览平台，360度全方位地欣赏展览作品，还能点击作品，查看详细的介绍和创作背景，就像有一个专属的导游在身边讲解。而且，虚拟策展人还会设计一些有趣的互动环节，比如让我们给喜欢的作品投票，或者分享自己对作品的感受。这样，艺术不再是高高在上、遥不可及的，而是能真正走进我们的生活，让我们每个人都能成为艺术的爱好者和参与者。

不仅如此，虚拟策展人还能让不同地区的人们一起交流对艺术的看法。来自世界各地的小朋友可以在虚拟展览的讨论区，分享自己对同一幅作品的不同理解，大家相互学习，共同感受艺术的魅力。他们用自己的智慧，让艺术的影响力像涟漪一样，不断扩散，让世界变得更加丰富多彩。

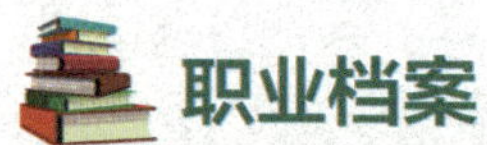

职业档案

一、核心职责

虚拟策展人是“数字艺术世界的领航员”，通过AI技术重构艺术展览的叙事方式，让古今中外的艺术作品在虚拟空间中对话。核心职责包括：

（1）AI艺术创作与分析：用生成对抗网络①（GAN）创作数字艺术，分析传统艺术的构图、色彩规律。

（2）虚拟展览策划：设计跨时空主题展，用3D建模技术还原流失文物。

（3）观众互动设计：开发AR艺术互动装置，用情感计算技术②分析观众行为。

（4）跨学科协作：与考古学家、科技公司合作，推动艺术教育创新。

二、技能树

能力维度	具体要求	初中关联
艺术素养	掌握艺术史、美学理论（如分析文艺复兴透视法）	美术课：绘画技巧、艺术流派学习
技术工具	熟练使用Blender、TensorFlow（初中可从Tinkercad建模入门）	信息技术课：3D建模基础
算法理解	了解生成模型原理	数学课：函数与变换（如理解图像卷积运算）
文化理解	挖掘地域文化符号（如将苗绣纹样转化为数字艺术元素）	历史课：传统文化传承（如研究敦煌藻井图案演变）

三、学历与职业路径

（一）学历建议

1. 本科：数字媒体艺术、艺术史。

---

① 生成对抗网络：是由生成器和判别器两个神经网络相互博弈竞争构成的深度学习模型，生成器负责生成数据，判别器判断数据真假，二者在对抗过程中不断提升性能以生成逼真数据。

② 情感计算技术：是一种通过对人类情感相关的生理、行为等多模态数据进行感知、分析和理解，并能让计算机具备识别、表达和响应情感能力的技术。

2. 硕士/博士：AI艺术、数字人文。

（二）职业发展

1. 初级：参与虚拟展览场景搭建。
2. 中级：主导中型AI艺术项目。
3. 高级：策划国际级数字艺术双年展。
4. 行业选择：博物馆、科技艺术公司、元宇宙平台。

四、行业趋势与误区

（一）未来趋势

1. 脑机接口策展：通过EEG信号[①]生成个性化艺术体验。
2. AI+非遗活化：用NeRF技术[②]复活失传技艺。

（二）常见误区

1. “AI艺术=电脑随机生成”→需策展人注入文化解读。
2. “虚拟展览替代实体”→虚实结合更具感染力。

初中生行动指南

1. 技能培养

用Canva设计“班级艺术史时间轴”数字海报，标注各时期代表作。

学习Python基础，用PIL库[③]调整班级合照艺术滤镜（如油画风格转换）。

2. 实践拓展

参加“AI+传统纹样”设计大赛，将青花瓷图案转化为数字动画。

调研本地非遗技艺，用Tinkercad建模虚拟传承人故事展厅。

---

① EEG信号：即脑电图信号，是通过在头皮上放置电极来记录大脑神经元活动所产生的微弱电信号，可用于研究大脑功能、诊断神经系统疾病等。

② NeRF技术：即神经辐射场技术，是一种利用神经网络来表示场景的体辐射场，从而实现对场景的逼真渲染和新视角合成的技术。

③ PIL库：即Python Imaging Library，是Python里用于图像处理的经典库，它提供了丰富的功能，能对图像进行打开、编辑、保存等操作，是处理图像的有力工具。

职业情景漫画

分镜1：灵感迸发

虚拟策展人有了超酷的展览点子！

分镜2：作品筛选

开始挑选合适的AI艺术作品！

分镜3：布展设计

精心设计展览布局！

分镜4：展览开幕

AI艺术展盛大开幕，超热闹！

5.3 AI+农业：智慧农场工程师

职业介绍

一、给农场装上“智慧大脑”的神奇工匠

同学们，在广阔的田野间，正悄悄发生着一场奇妙的变革，而这场变革的“幕后英雄”就是智慧农场工程师！他们就像拥有神奇魔力的工匠，给传统农场装上了超级“智慧大脑”，让农场变得超级智能。

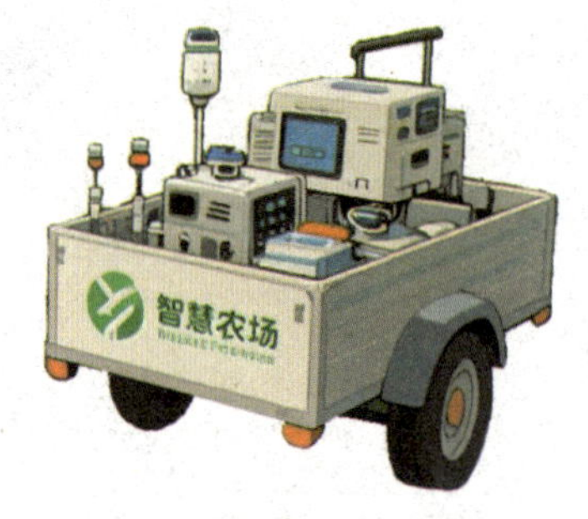

想象一下，以前的农场，农民伯伯们要辛苦地靠自己的经验照顾农作物，浇水、施肥、除虫，每一项工作都耗费大量的精力。但现在，智慧农场工程师来了，一切都不一样了！他们利用各种高科技设备，让农场变得像一个聪明的大管家。

比如，他们在农田里安装了许多“小眼睛”和“小耳朵”。这些其实是传感器，能感知农作物的生长状况、土壤的湿度和养分，还有天气的变化。智慧农场工程师就像指挥家，根据这些传感器传来的信息，控制各种智能设备。当传感器发现土壤缺水了，自动灌溉系统就会启动，给农作物们痛痛快快地“喝”上水；要是发现有病虫害的迹象，智能喷药设备就会精准出击，把害虫和病菌消灭掉，而且不会伤害到周围的环境。他们还会用无人机在农田上空巡逻，就像一个个小卫士，帮助工程师更好地了解农田的整体情况。通过这些神奇的操作，农作物们在智慧农场里快乐地生长，产量也大大提高。

二、引领农业走向未来的先锋勇士

智慧农场工程师可不只是让农场变得智能，他们还是引领农业走向未来的先锋勇士呢！

随着人口的增长，我们需要更多、更好的食物。智慧农场工程师通过他们的智慧和技术，帮助农场实现高产、高效、环保的目标。他们设计的智能温室，就像农作物的超级“豪华别墅”。在温室里，温度、湿度、光照都能精准控制，让农作物在最适宜的环境中生长。这样，我们就能在不同的季节吃到新鲜的蔬菜和水果！

而且，智慧农场工程师还能通过数据分析，帮助农民伯伯优化种植方案。他们根据不同农作物的生长特点，结合土壤、气候等因素，告诉农民伯伯什么时候播种、用多少肥料，让每一份投入都能得到最大的回报。他们还致力于减少农业对环境的影响，通过精准施肥、智能灌溉，避免水资源和肥料的浪费。

在未来，智慧农场工程师可能会创造出更神奇的农业技术。也许会有能自己“走路”的农业机器人，帮助农民伯伯干活；或者发明出能让农作物长得又快又好的新型种植方法。他们正用自己的努力，让农业变得更加有趣、高效，为我们创造一个更美好的未来。

职业档案

一、核心职责

智慧农场工程师是“农田里的AI指挥官”，通过技术创新实现“会思考”的农业生产。核心职责包括：

（1）智能监测与决策：部署物联网传感器，用机器学习预测病虫害，生成精准施药方案。

（2）农业机器人开发：设计采摘机器人，优化农机路径规划。

（3）数据驱动生产：分析气象、土壤、作物生长数据，指导灌溉系统动态调节。

（4）乡村振兴赋能：培训农户使用AI工具，推动区块链溯源①。

二、技能树

能力维度	具体要求	初中关联
农业知识	掌握作物生理学、病虫害识别	生物课：植物结构与生长（如根的吸收作用与灌溉系统设计）
编程能力	熟练使用Python/ROS，掌握OpenCV图像处理（初中可从Arduino编程入门）	信息技术课：循环语句与传感器应用（如用光敏电阻控制补光灯）
数据分析	用Pandas分析农业数据（如用箱线图检测异常产量波动）	数学课：统计图表（如用折线图记录作物生长周期）
机械原理	理解农机传动系统（如齿轮箱扭矩计算）	物理课：简单机械（如斜面省力原理与梯田灌溉设计）

三、学历与职业路径

（一）学历建议

1. 本科：农业工程、计算机科学。

2. 硕士/博士：智慧农业、农业人工智能。

① 区块链溯源：是利用区块链技术不可篡改、分布式账本等特性，对商品或事物的生产、流通等各个环节进行信息记录和跟踪，以实现精准追溯其来源和历史信息的一种技术应用。

（二）职业发展

1. 初级：参与传感器部署与数据标注（如标注番茄成熟度图像[①]）。
2. 中级：主导单场景AI方案（如设计茶园智能采茶路径）。
3. 高级：规划智慧农场整体方案（如设计万亩稻田无人化管理系统）。
4. 行业选择：农业科技公司、政府农业部门、科研院所。

四、行业趋势与误区

（一）未来趋势

1. 元宇宙农场：用VR+AI模拟作物生长（如虚拟试种新型小麦品种）。
2. 基因编辑[②]+AI：加速作物抗逆性育种[③]（如用AI预测基因编辑效果）。

（二）常见误区

1. “AI完全替代农民”→需人机协同（如AI推荐施肥量但需人工验证）。
2. “技术越贵越好”→需适配小农户需求（如低成本病虫害识别APP）。

初中生行动指南

1. 技能培养

用Excel记录家庭阳台植物生长数据，分析光照与开花时间的关系。

学习Python基础，用Matplotlib绘制蔬菜价格波动曲线。

2. 实践拓展

参加“智慧种植”夏令营，用Arduino制作自动浇水系统。

调研本地农田，设计“AI识别杂草”项目方案（附手绘流程图）。

---

① 成熟度图像：是一种通过图像分析技术来评估物体（如水果、农作物等）成熟程度的可视化图像，通常基于颜色、形状、纹理等特征来反映物体的成熟状态。

② 基因编辑：是一种通过特定技术对生物体基因组的DNA序列进行精确修饰，以实现基因敲除、敲入、替换等操作，从而改变生物性状和功能的技术。

③ 抗逆性育种：是通过各种育种手段，培育出具有较强抵抗干旱、洪涝、高温、低温、盐碱以及病虫害等不良环境条件能力的作物品种的过程。

职业情景漫画

分镜1：农作物生病

农场里，农作物似乎出状况了！

先别慌，找找原因。

这庄稼怎么变成这样了！

分镜2：AI来帮忙

快让AI分析分析！

分镜3：预测出结果

AI预测出病害风险啦！

分镜4：预防措施起作用

按AI建议预防，庄稼好转！

5.4 AI+环保：生态数据分析师

职业介绍

一、收集生态“神秘线索”的自然侦探

同学们，在我们美丽的地球上，大自然就像一个充满秘密的巨大宝藏库，而生态数据分析师就是一群超厉害的自然侦探，专门收集那些隐藏在自然里的“神秘线索”！

想象一下，生态数据分析师就像在大自然这个大舞台上寻找宝藏的探险家。他们为了了解生态环境的状况，会跑到各种各样的地方。有时候，他们会深入茂密的森林，在那里安装一些特殊的“小眼睛”（摄像头）和“小耳朵”（传感器）。这些设备就像忠诚的小卫士，能记录下森林里动物们的活动，比如可爱的小松鼠在树林间跳跃，威风的老虎在巡视领地。同时，传感器还能感知森林里的温度、湿度以及空气质量，把这些信息都传递给生态数据分析师。

他们也会来到广阔的海洋，借助高科技的海洋探测器，收集海水的温度、盐度数据，看看海洋里的珊瑚礁是否健康，有没有受到污染的威胁。在田野中，他们会观察农作物的生长情况，记录害虫的数量变化。通过收集这些丰富的数据，生态数据分析师就像是收集到了大自然的“密码本”，为后续的研究和保护工作提供重要的依据。

二、解开生态“密码”的智慧大师

生态数据分析师可不只是收集数据，他们还是解开生态“密码”的智慧大师呢！

当收集到大量的生态数据后，生态数据分析师就像拿到了一本复杂的密码书，开始仔细研究。他们会把森林里动物的活动数据整理出来，看看哪些动物的数量在减少，是不是因为环境变化或者人类活动的影响。比如发现某种小鸟的数量变少了，他们就会深入分析，是不是森林里的树木被过度砍伐，导致小鸟失去了栖息地。

对于海洋数据，他们会分析海水温度的变化对海洋生物的影响。如果海水温度升高，可能会让美丽的珊瑚礁出现白化现象，影响整个海洋生态系统。生态数据分析师通过分析这些数据，找到问题的关键所在，然后把这些信息告诉科学家、环保组织和政府部门。他们就像传递重要情报的使者，让大家了解生态环境面临的挑战，一起想办法保护我们的地球家园。

而且，生态数据分析师还会利用这些数据预测未来的生态变化。他们能告诉我们，如果继续按照现在的方式破坏环境，几年后森林可能会变得更加稀疏，海洋里的某些鱼类可能会面临灭绝。通过这些预测，提醒大家要珍惜环境，采取行动保护生态平衡。

职业档案

一、核心职责

生态数据分析师是“地球健康的数字医生”，通过AI技术守护生态平衡。核心职责包括：

（1）生态数据采集与治理：部署传感器网络监测水质、土壤、空气，清洗整合多源数据。

（2）环境模型构建与预测：用机器学习①预测物种迁徙，模拟人类活动对生态的影响。

（3）政策与行动支持：生成可视化生态报告，为环保政策提供数据支撑。

（4）跨领域协作创新：与气象学家、生物学家合作，推动AI技术落地。

二、技能树

能力维度	具体要求	初中关联
环境科学	掌握生态学、气象学基础知识（如理解碳循环与全球变暖关系）	科学课：生态系统（如食物链与能量流动）
编程能力	熟练使用Python、QGIS，掌握遥感图像处理库（初中可从Python基础起步）	信息技术课：循环语句与函数（如用Scratch模拟水循环）
数据分析	用Pandas、ArcGIS分析空间数据（如用热图展示城市热岛效应）	数学课：统计与概率（如用Excel分析空气质量数据）
沟通能力	将技术语言转化为环保倡议（如向社区解释“生物多样性指数”含义）	语文课：倡议书写作（如撰写垃圾分类宣传文案）

三、学历与职业路径

（一）学历建议

1. 本科：环境科学、地理信息科学。

2. 硕士/博士：生态信息学、环境人工智能。

---

① 机器学习：是一门多领域交叉学科，它让计算机利用数据和算法来自动学习模式、规律，以实现对未知数据的预测、分类等任务，而无需进行明确的编程指令设定。

（二）职业发展

1. 初级：参与数据标注与基础分析（如标注卫星图像中的红树林区域）。

2. 中级：主导单场景模型开发（如设计草原鼠害预测AI系统）。

3. 高级：制定区域生态治理方案（如粤港澳大湾区湿地保护AI规划）。

4. 行业选择：环保NGO①、政府生态部门、科技公司。

四、行业趋势与误区

（一）未来趋势

1. 数字孪生生态系统：用NeRF技术重建消失的雨林（如虚拟复活亚马逊原始部落）。

2. 公民科学数据众包：通过APP收集公众生态数据（如鸟类观测照片自动识别）。

（二）常见误区

1. “AI能解决所有环境问题”→需结合政策与公众参与（如AI监测到雾霾需配套减排措施）。

2. “忽视小数据价值”→县域级数据同样具有决策意义（如乡镇河流污染专项治理）。

初中生行动指南

1. 技能培养

用Excel记录家庭用水量，分析季节变化规律并提出节水建议。

学习Python基础，用Matplotlib绘制本地空气质量周报折线图。

2. 实践拓展

参加“生物多样性调查”项目，用AI识别校园植物并制作电子图鉴。

设计“河流污染监测”方案，模拟传感器部署与数据回传流程（附手绘示意图）。

① NGO：即非政府组织，是在特定法律系统下，不被视为政府部门的协会、社团、基金会、慈善信托、非营利公司或其他法人，其不以营利为目的，主要开展公益性或互益性社会服务活动。

职业情景漫画

分镜1：污染初现

海洋里惊现大量塑料垃圾！

分镜2：数据采集

开启数据采集行动！

分镜3：分析结果

分析数据，找出污染源头！

分镜4：呼吁行动

呼吁大家一起保护海洋！

保护海洋，刻不容缓

让我们一起保护海洋！

保护海洋！

对，保护海洋！

职业探索站——设计任务：提交“AI+家乡特色产业”方案

每个家乡都有独特的产业，它们承载着家乡的文化和经济发展。然而，在当今快速发展的时代，这些特色产业可能面临着各种难题。比如传统手工艺制作效率低、农产品销售渠道窄、特色旅游缺乏吸引力等。这时候，AI技术就像一把神奇的钥匙，有潜力为家乡特色产业打开新的发展大门。让我们一起思考如何利用AI，让家乡的产业焕发出新的活力。

一、设计指南

（一）了解家乡特色产业

深入调研家乡的特色产业，比如家乡盛产水果，那水果种植、加工就是特色产业；要是家乡有古老的刺绣手艺，刺绣就是重点产业。了解产业的现状，包括生产规模、销售方式、面临的困难等。可以通过询问长辈、参观工厂、走访市场等方式收集信息。

（二）思考AI的应用方向

生产环节：对于农业，可以利用AI传感器监测农作物生长环境，自动调节灌溉、施肥，提高产量和质量。在制造业，AI自动化设备能提升生产效率，减少人工成本。例如，陶瓷制作中，AI控制的窑炉能精准控制烧制温度。

销售环节：借助AI大数据分析消费者喜好，精准推送家乡特色产品。搭建线上销售平台，利用AI客服随时解答顾客疑问。比如家乡的特色小吃，可以通过AI分析出哪些地区的人更爱吃，然后针对性地推广。

宣传推广：用AI生成生动有趣的宣传视频、图片，展示家乡特色产业的魅力。利用AI语音导览，为游客介绍家乡的文化景点和特色产业。例如，制作一段介绍家乡传统手工艺制作过程的AI动画视频，吸引更多人关注。

（三）制定方案框架

产业现状描述：简单介绍家乡特色产业目前的情况，包括优势和不足。

AI应用策略： 详细说明在产业的各个环节如何应用AI，比如在生产环节引入哪些AI设备，在销售环节利用哪些AI技术。

预期效果： 预测使用AI后，产业在生产效率、销售业绩、知名度等方面可能会取得的提升。

实施计划： 规划方案实施的步骤，如先进行AI设备的采购和安装，再开展员工培训等。

二、创意示例

以家乡水果产业为例

（一）产业现状描述

家乡种植了大量的苹果，但传统种植方式依赖人工经验，病虫害防治不及时，导致部分苹果品质不佳。而且销售主要依靠线下批发商，价格波动大，利润空间有限。

（二）AI应用策略

生产环节： 安装AI智能传感器，实时监测果园的温度、湿度、土壤酸碱度等环境数据，自动控制灌溉和施肥系统。利用AI图像识别技术，及时发现病虫害，精准施药。

销售环节：建立线上水果销售平台，运用AI大数据分析消费者购买习惯和偏好，推送个性化的促销活动。设置AI客服，解答顾客关于苹果品种、储存方法等问题。

宣传推广：制作精美的AI动画视频，展示苹果从种植到采摘的全过程，突出家乡苹果绿色、健康的特点。利用AI语音导览，为游客介绍果园风光和苹果文化。

（三）预期效果

苹果产量提高20%，优质果率提升30%。线上销售额占总销售额的50%，品牌知名度在全国范围内提升50%。

（四）实施计划

第一个月，采购并安装AI传感器和灌溉、施肥设备；

第二个月，培训果农使用新设备；

第三个月，线上销售平台，开展宣传推广活动。

三、开启你的创意之旅

现在，轮到你为家乡特色产业出谋划策啦！选择家乡的一个特色产业，按照设计指南，制定属于你的“AI+家乡特色产业”方案。在下方表格里，详细写下产业现状、AI应用策略、预期效果和实施计划。也可以简单画一幅方案实施后的美好愿景图，展现你的创意。期待你为家乡产业发展带来新的思路！

设计项目	内容
家乡特色产业名称	
产业现状描述	
AI应用策略	
预期效果	
实施计划	
美好愿景图（简单绘制）	